Walther Schulz

Germanische Vorzeit

Familie – Staat – Gesellschaft

Titelbild: Bronzezeitlicher Begräbniszug in Schweden,
Schulwandkarte von Sigfrid Bengtsson.

Bibliographische Information der Deutschen Bibliothek
Die Deutsche Bibliothek verzeichnet diese Publikation in der Deutschen Nationalbibliographie; detaillierte bibliographische Daten sind im Internet unter http://dnb.ddb.de abrufbar.

ISBN 978-3-89093-035-0

Orion-Heimreiter-Verlag
Postfach 3667, D-24035 Kiel

Gedruckt in Österreich

Teil 1

Die germanische Familie in der Vorzeit

Einleitung.

Die Germanen haben bei ihrem Eintritte in die Geschichte schon als Volk lange in der Vorzeit bestanden. Es dürfte nicht ungerechtfertigt sein, bereits von den Germanen der jüngeren Steinzeit zu sprechen. Allerdings hat damals in der Germanenheimat, dem Inselgebiete von Dänemark, Südschweden, Jütland und dem angrenzenden norddeutschen Flachlande noch keine einheitliche Kultur bestanden, sondern zwei herrschende Kulturen liegen nebeneinander: die besonders in Norddeutschland weiter verbreitete der Megalithgräber mit ihren aus schweren Steinblöcken errichteten Totenkammern, und die der jütländischen Einzelgräber, mit Bestattungen im flachen Boden oder in Hügeln ohne den gewaltigen Steinschutz.

Erst seit dem zweiten Jahrtausend, nach Einführung der Bronze, ist eine einheitliche Kultur herausgebildet: Germanen waren die Träger dieser nordischen Bronzekultur. Das Volksgebiet wird ständig erweitert, in Skandinavien nach Norden, in Norddeutschland nach Osten, Süden und Westen, ferner über die Ostsee in die baltischen Länder.

Doch einige Jahrhunderte nach Beginn des letzten Jahrtausends vor Chr. sinkt die Blüte der Bronzekultur hin. Der Klimasturz in dieser Zeit, der Abwanderungen aus Skandinavien zur Folge hatte, zugleich Völkerverschiebungen im mittleren Europa, durch die die Bronzezufuhr unterbunden wurde, werden die Ursachen sein. Das in der Heimat gewonnene Eisen wurde mehr und mehr Gebrauchsmetall. Nicht so glänzend sind die Hinterlassenschaften dieser frühen Eisenzeit. Doch die altgermanische Kraft hat sich bewahrt. Von neuem brechen die Germanen seit den letzten Jahrhunderten hervor, jetzt hauptsächlich ihre Süd- und Westnachbarn, die Kelten verdrängend. Als solch gefürchtetes sieggewohntes Volk treten sie mit den Zügen der Cimbern und Teutonen in die Geschichte ein.

Das Rassenbild ist im wesentlichen unverändert geblieben, das erweisen die Skelette der Steinzeit, älteren Bronzezeit und frühgeschichtlichen Zeit, während in den dazwischen liegenden Zeiträumen durch die Sitte der Leichenverbrennung der Körper zerstört ist. Aus den Funden, aus den bildnerischen Darstellungen der Römer, aus den Berichten der Schriftsteller ist deutlich, daß die nordische Rasse im germanischen Volke vorherrschend war.

Einige Angaben.

Herkunft der Germanen: G. Kossinna: Die Herkunft der Germanen. Zur Methode der Siedelungsarchäologie². Mannusbibl. Nr. 6. 1920.

G. Kossinna: Die Indogermanen. Mannusbibl. Nr. 26. 1921, besonders Tabelle S. 76.
N. Åberg: Das nordische Kulturgebiet in Mitteleuropa während der jüngeren Steinzeit. 1918, besonders S. 64ff.
Kultur der Germanen: G. Kossinna: Die deutsche Vorgeschichte[4]. Mannusbibl. Nr. 9. 1925.
S. Müller: Nordische Altertumskunde. 1897.
O. Montelius: Kulturgeschichte Schwedens. 1906.
E. Wahle: Vorgeschichte des deutschen Volkes. 1924.
J. Hoops: Reallexikon der germanischen Altertumskunde. 1911ff.
Fr. Kauffmann: Deutsche Altertumskunde. 1913.
Haus, Tracht, Bewaffnung: Bände der Mannusbibliothek.
Religion der Germanen: K. Helm: Altgermanische Religionsgeschichte. 1913.
Aussehen der Germanen: G. Retzius: Crania suecica antiqua. 1900.
C. Schumacher: Katalog des römisch-germanischen Zentralmuseums Mainz. Nr. 1: Verzeichnisse der Abgüsse und wichtigeren Photographien mit Germanendarstellungen.
Sprache der Germanen: Falk-Torp: Wortschatz der germanischen Spracheinheit. 1909. (Teil III. von Fick: Vergleichendes Wörterbuch der indogermanischen Sprache.)

Abb. 1. Quadenfamilie des 2. Jahrh. n. Chr. Mark-Aurel-Säule in Rom. Nach Girke: Die Tracht der Germanen. Mannusbibl. Nr. 24.

Der Familienaufbau.

Von grundlegender Bedeutung für alles, was mit der Familie zusammenhängt, ist die germanische Auffassung ihres Aufbaues.

Vaterfamilie. Die Germanen gehören zu den Völkern, deren Kultur durch den Mann und seine Tätigkeit bestimmt ist. Das geht ebenso aus den Kulturhinterlassenschaften der Vorzeit wie aus den Nachrichten über dieses Volk bei ihrem Eintritt in die Geschichte hervor.

Aus den bronzezeitlichen Felsenzeichnungen Skandinaviens[1]) lesen wir, daß sich die Phantasie der Germanen mit Kriegsfahrten über Meer, mit Kampf zu Pferd und zu Fuß, ritterlich Mann gegen Mann, beschäftigte. Aus den Gräbern heben wir die prachtvollen Waffen, die auch der Verstorbene nicht missen sollte. Ihre Gottheiten werden in Waffenschmuck und Hörnerhelm dargestellt, der allumfassende Himmelsgott *Tiwaz wird zum Schlachtenlenker, wie in spätheidnischer Zeit der nordische Odin. Nicht der Ackerbau, der allerdings, wie aus zahlreichen Funden zu erkennen ist, betrieben wurde, bildet die Grundlage der Wirtschaft, sondern die Viehzucht[2]). Auf große Viehherden wird, wie Tacitus G. 5 zu entnehmen ist, Wert gelegt, sie machen den Reichtum aus, das Vieh ist das älteste Bezahlungsmittel; so nimmt die Bezeichnung Vieh die Bedeutung Geld an. „Hirt" gehört zu den wenigen

[1]) Ein Teil der wichtigen, wenn auch noch nicht einwandfrei gedeuteten Felsenzeichnungen ist durch zwei Veröffentlichungen des Folkvangverlags „Schwedische Felsbilder von Göteborg bis Strömstad" (nach dem großen schwedischen Werke von L. Baltzer: „Hällristningar fran Bohuslän" und A. Nordén: „Die Felsbilder der Provinz Ostgotland") bequem zugänglich gemacht.

[2]) Meiner Ansicht nach wird der Bodenbau der Germanen in Reaktion gegen die unhaltbare Nomadentheorie Meitzens jetzt mitunter überschätzt.

Berufsbezeichnungen, die gemeingermanisch sind. Auf den Bodenbau wurde nicht so große Mühe verwandt, nach Tacitus G. 15 widmete sich der vollkräftige Mann ihm nicht, sondern er wurde alten und schwächlichen Personen, auch Frauen überlassen; dadurch unterscheiden sich, wie derselbe Schriftsteller G. 45 besonders hervorhebt, die Germanen von den Ästiern, ihren Ortsnachbarn, die fleißiger den Bodenbau betrieben. Das männliche Handwerk des Bronzegusses stand im zweiten Jahrtausend und zu Beginn des ersten Jahrtausends vor Chr. in höchster Blüte, ebenso waren die Germanen damals geschickt in Herstellung goldener Treibarbeiten. „Schmied" ist die gemeingermanische Bezeichnung des kunstfertigen Handwerkers, die später auf den Bearbeiter des Eisens übertragen wurde. Auffallend stechen dagegen die einfachen Töpferarbeiten der Frauen in der Bronzezeit ab. Die Germanen waren geborene Eroberer und Herrscher, die Ausbreitung der Germanen in der Vorzeit wie in der frühgeschichtlichen Zeit redet hier eine deutliche Sprache.

Dieses männliche Wesen ist durch das Vorherrschen der nordischen Rasse in dem Volke bedingt, denn die vorstehenden Eigenschaften der Germanen sind die des nordischen Menschen.

Es entspricht durchaus der germanischen Gesamteinstellung, daß auch die Familie nach der Mannesseite sich aufbaut, daß nur die Blutszugehörigen väterlicherseits zur Verwandtschaft gerechnet wurden; das gemeingermanische Sprachgut (siehe S. 32), die überlieferten Ahnenreihen der Fürstengeschlechter, die Stammsage der Germanen (siehe Anhang 1) lassen darüber keinen Zweifel. Nach dem Berichte des Tacitus G. 20 sind Erben in erster Linie Söhne und Brüder des Mannes, dann erst Brüder der Frau.

O h e i m. Bei dem starken Bewußtsein des Blutzusammenhanges, das den Germanen eigen ist, spielte auch der Einfluß des Oheims[1]), des Bruders der Mutter, wenigstens bei einem Germanenteile in die Familie hinein (Avunkulat). Hierfür ist wiederum Tacitus Zeuge (G. 20): „Die Schwesternsöhne stehen dem Oheim so nahe wie dem eigenen Vater. Manche sehen diese Blutsverwandtschaft noch für heiliger und inniger an und dringen bei Abforderung von Geiseln besonders auf solche Kinder, als wären diese für das Gewissen ein festeres, für die Familie ein umfassenderes Band." Bemerkenswert ist dabei, daß es offenbar angesehene Familien waren (denn diese pflegten durch Geiseln gebunden zu werden), in denen die Bande des Blutes besonders hochgehalten wurden, ihnen gerade mochte auch das Geschick der weiblichen Familienmitglieder, die durch die Heirat in eine andere Familie eingetreten waren, nicht gleichgültig sein. So fanden die verheiratete Frau und ihre Kinder, die nach dem Rechte ganz in die Hand des Hausherrn gegeben waren (siehe S. 19), einen natürlichen Schutz bei Bruder und Oheim.

---

[1]) Der Name ist nicht gemeingermanisch, sondern nur bei den Westgermanen bezeugt. Er steht in Zusammenhang mit dem Namen des Großvaters oder der Großmutter (gotisch avo); verwandte Bildungen kennen auch andere indogermanische Sprachen (z. B. lat. avunculus zu avus).

Spuren einer Mutterfamilie? Diese Stellung des Oheims gilt als das Hauptzeugnis für die Annahme, daß bei den Germanen in vorgeschichtlicher Zeit einmal ein der Vaterfamilie entgegengesetzter Aufbau der Familie geherrscht habe, nämlich die Mutterfamilie, bei der die Verwandtschaft nach der Mutterseite bestimmt ist[1]). Verschiedene Spuren, die darauf hinweisen sollen, sind herangezogen worden, wobei aber zu berücksichtigen ist, daß mittelalterliche Zeugnisse besonders aus Deutschland überhaupt nicht mehr für urgermanische Verhältnisse Gültigkeit beanspruchen können, denn altgermanische Gesittung ist seit der Auflösung des germanischen und der Bildung des deutschen Volkstums im heutigen Deutschland durch fremde Einflüsse verschüttet. Noch in heutigen Volksbräuchen sollen sich mutterrechtliche Anschauungen nachweisen lassen, es ist aber gewiß kein Zufall, daß derartige Züge in deutschen Volksbräuchen außerhalb des germanischen Kerngebietes anzutreffen sind[2]). S. Feist glaubt die angebliche Überlagerung zweier Familienformen dadurch erklären zu können, daß den Vorgermanen wie verschiedenen alteuropäischen Völkern die Mutterfamilie eigen war, daß aber die Vaterfamilie durch eine anders geartete Oberschicht aufgepfropft sei.

Mutterfamilie im alten Europa. Bei der Bedeutung dieser Frage für die urgermanische Familienauffassung bedarf die Aufstellung einer näheren Betrachtung.

Die Mutterfamilie ist im Altertum durch Überlieferung[3]) vor allem in einem Streifen nachgewiesen, der das Mittelmeergebiet begleitet (Abb. 2), bei den Lykern Kleinasiens, den Einwohnern der Kleinasien vorgelagerten Insel Kos, bei den Liburnern Illyriens, in der Stadt Lokri in Unteritalien, einer Gründung von Einwohnern Mittelgriechenlands, bei den Etruskern, die wahrscheinlich gleichfalls kleinasiatischer Herkunft waren, auf den Balearen und bei den Iberern Spaniens, heute noch in Resten bei den Basken in den Pyrenäen, weiter aber auch im nordwestlichen Randgebiete Europas bei der vorkeltischen Bevölkerung Britanniens, den Pikten, die auch kulturell und rassisch den Mittelmeervölkern sich anschließen. Es dürfte gerade hier kein Zweifel sein, daß die Familienform durch die Rasse bedingt ist, denn nachweislich bei einem Teile der genannten Völker ist die sogenannte Mittelmeerrasse vorherrschend gewesen[4]).

Zu den Völkern, deren Familie mit Sicherheit mutterrechtlich aufgebaut war, treten nun noch andere, bei denen diese Familienform mit mehr oder weniger Wahrscheinlichkeit erschlossen werden kann. Es sind hier

---

[1]) Z. B. O. Schrader: Reallexikon der indogermanischen Altertumskunde[3], I. Germanen, § 4. — S. Feist: Indogermanen und Germanen[3]. 1924. S. 102f. Gegen diese im allgemeinen herrschende Ansicht: Rietschel in Hoops „Reallexikon der germanischen Altertumskunde". Bd. 3. S. 289ff.

[2]) A. Becker: Frauenrechtliches in Brauch und Sitte. 1913.

[3]) Vgl. Zusammenstellung bei Eduard Meyer: Geschichte des Altertums I[3], 1. S. 23ff. — „Mutterland" ersetzte den Kretern den uns geläufigen Begriff Vaterland.

[4]) So auch H. Günther: Rassenkunde des deutschen Volkes[3]. 1923. S. 311ff.

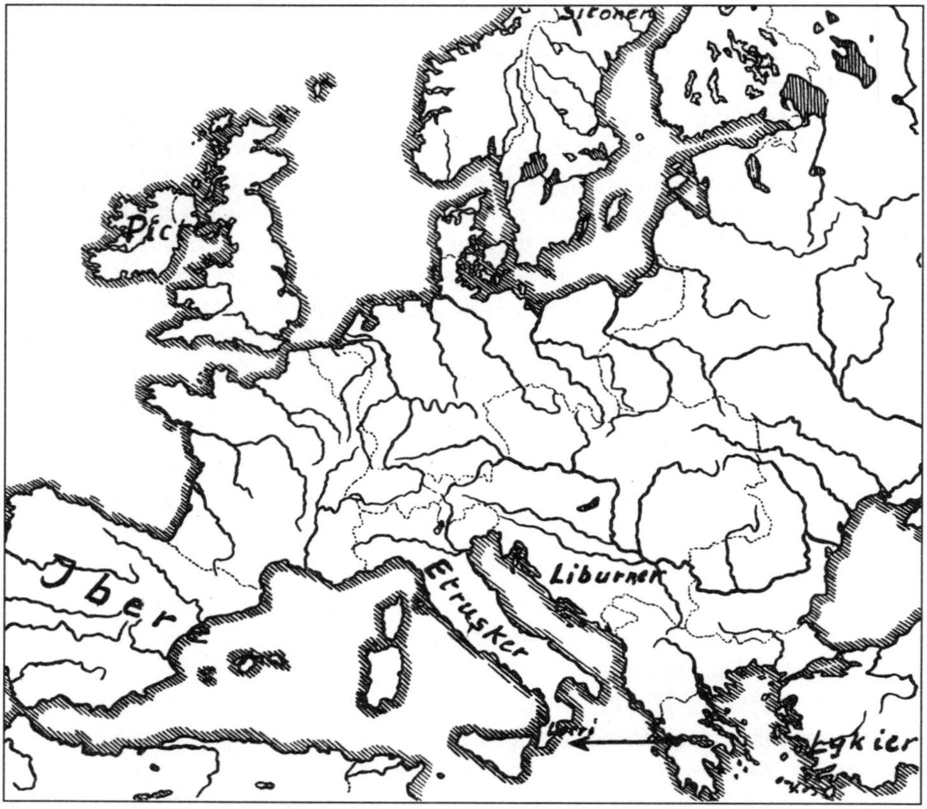

Abb. 2. Mutterrechtliche Völker nach der Überlieferung.

zunächst die Nordnachbarn der Germanen, die finnischen Sitonen zu erwähnen, bei denen nach Tacitus, G. 45 eine Frau die Herrschaft führte, eine Erscheinung, die gerade mit der Mutterfamilie mitunter verbunden ist.

Ferner darf man in dem Hervortreten der Frau in den religiösen Vorstellungen, besonders in der Muttervererehrung einen mutterrechtlichen Zug sehen (Karte 6). An den Grenzen des Germanengebiets ist in frühgeschichtlicher Zeit die Verehrung der matres im Rheingebiete nachzuweisen, die gewiß dort altheimisch war und dann auch bei den zugewanderten Germanenstämmen Eingang gefunden hat; sie ist außerdem in Südgallien, Britannien und Oberitalien bezeugt. Auch die östlichen Nachbarn der Germanen, die den Britanniern nach Tacitus sprachverwandten Ästier, verehrten eine Muttergottheit (Tacitus, G. 45). Selbst im Herzen des germanischen Gebiets hat bei einer Gruppe von 7 Völkerschaften der jütischen Halbinsel eine verwandte Göttin, die „Mutter Erde" Nerthus in frühgeschichtlicher Zeit ihre Kultstätte gehabt (Tacitus, G. 40). Doch scheint der Kult, der auffallend an südosteuropäische und selbst vorderasiatische Kulte erinnert, hier nicht altheimisch, sondern in vorgeschichtlicher Zeit aus der Fremde, vielleicht unter Vermittlung der nordillyrischen Südostnachbarn der Germanen

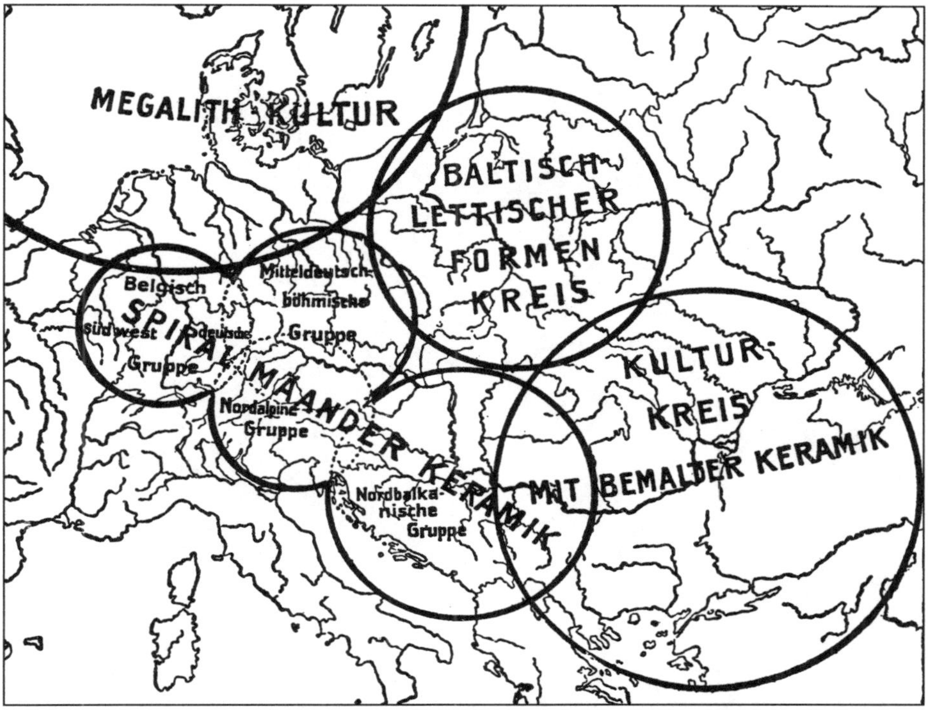

Abb. 3. Kulturen der jüngeren Steinzeit in Europa. Nach Wilke: Mannusbibl. 1. Die Kreise der Spiralmäanderkeramik und bemalten Keramik bilden die Bandkeramik.

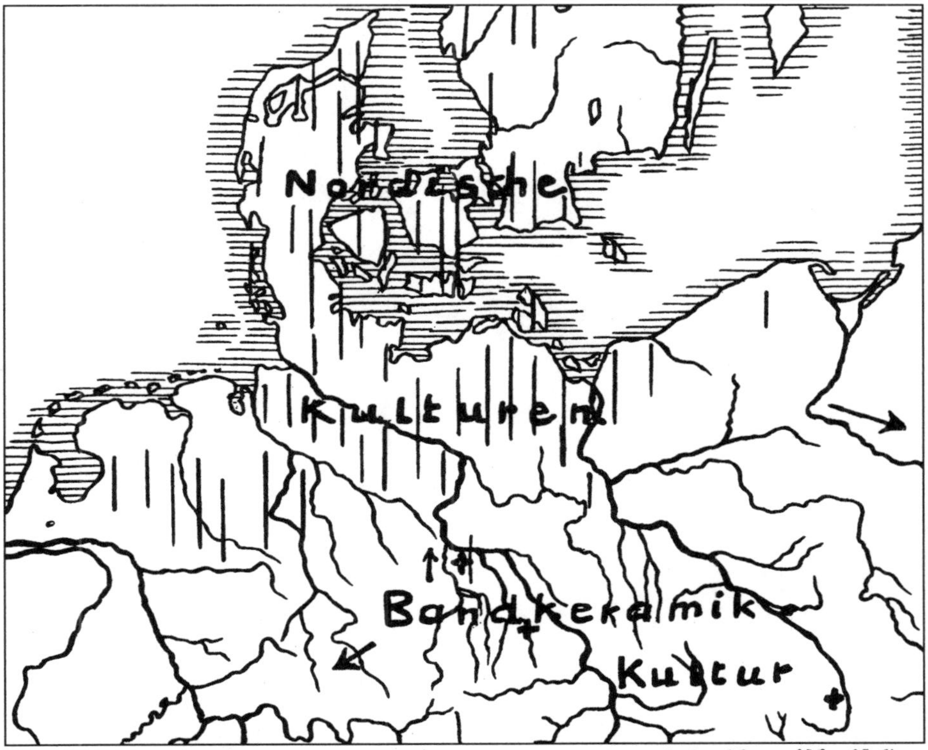

Abb. 4. Deutschland in der jüngeren Steinzeit: nordische und bandkeramische Kultur. |||| = Verbreitung der älteren Megalithgräber (nach Almgren), + = weibliche Tonidole des bandkeramischen Kreises (Ottitz, Kr. Ratibor; Birmenitz, Staat Sachsen; Wulfen, Anhalt.

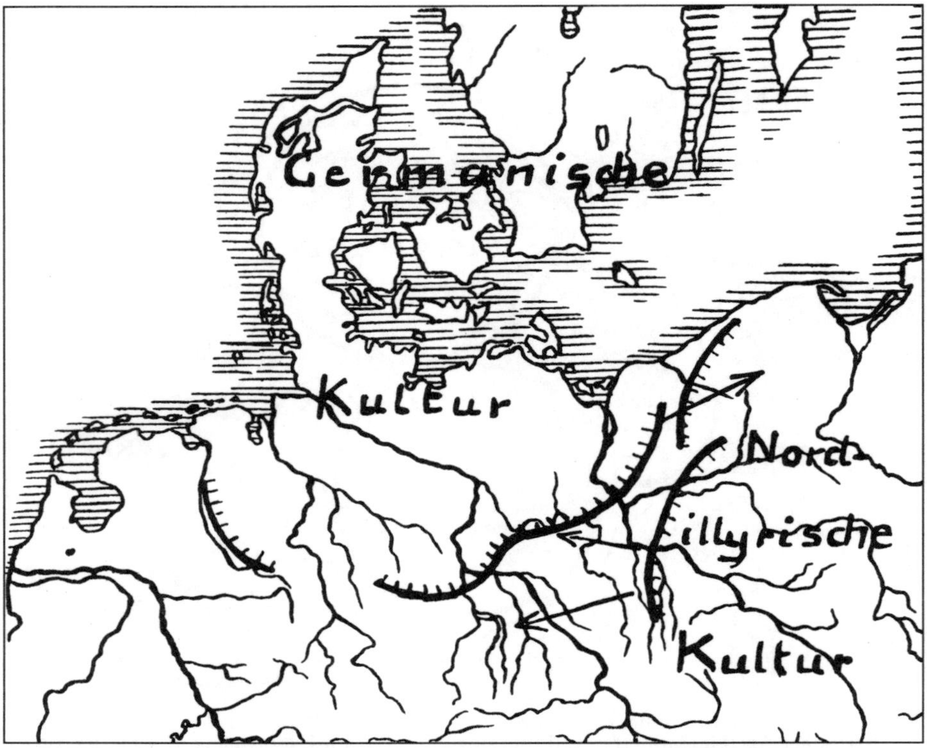

Abb. 5. Germanische Kultur und illyrische Kultur in der älteren Bronzezeit. (Nach Kossinna.)

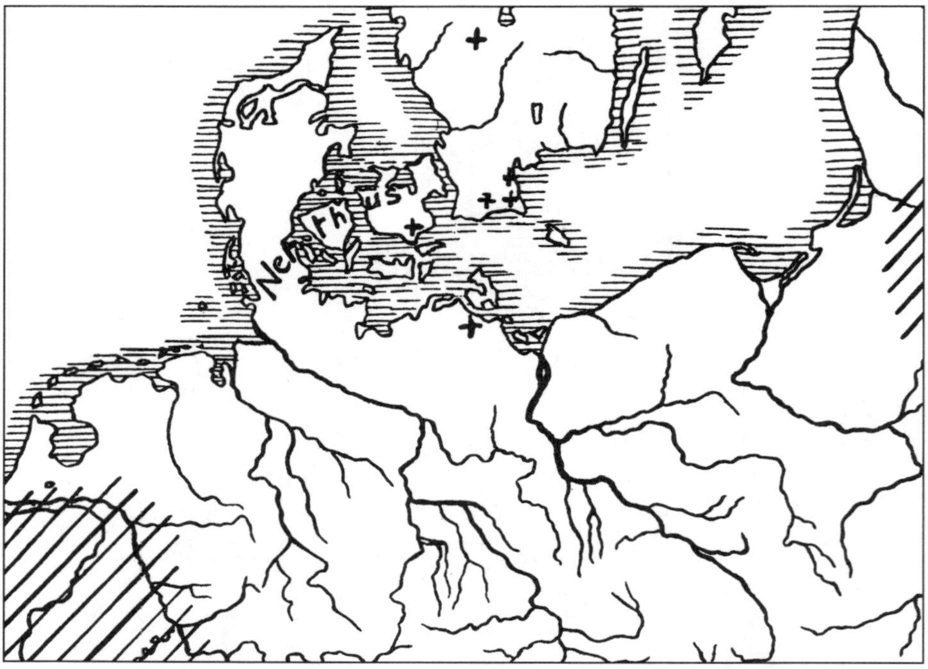

Abb. 6. Weibliche Gottheiten bei den Germanen und in ihrer Nachbarschaft. + Weibliche Bronzefiguren der vorrömischen Eisenzeit. //// Weibliche Gottheiten im Rheingebiet und bei den Ästiern in den ersten Jahrhunderten n. Chr.

(Karte 5) eingeführt zu sein[1]). Im westlichen und im südöstlichen Europa waren aber seit je weibliche Gottheitsvorstellungen lebendig. Schon in dem großen südosteuropäischen Kulturkreis der jüngeren Steinzeit, der nach der vorherrschenden Verzierung der Tongefäße als der bandkeramische bezeichnet wird (Karte 3), sind weibliche Tonfigürchen, die als Götterbilder gedeutet werden, sehr verbreitet (Abb. 9). Mit der bandkeramischen Kultur treten auch einige derartige Plastiken im mittleren Deutschland auf (Abb. 8 und Karte 4). Selbst die weiblichen Stein- oder Knochenidole der Jägervölker Mitteleuropas zur älteren Steinzeit, die sich sowohl in Frankreich wie auch im Donaugebiet gefunden haben (Abb. 7), könnten mit der Mutterverehrung in Zusammenhang stehen.

Es erheben sich aber doch die Fragen, ob wir auf Grund derartiger Kulturerscheinungen eine mutterrechtliche Familie annehmen dürfen, ob wir

Abb. 7. Weibliche Kalksteinfigur der älteren Steinzeit von Willendorf in Niederösterreich. Nach Wahle: Vorgesch. d. deutschen Volkes.

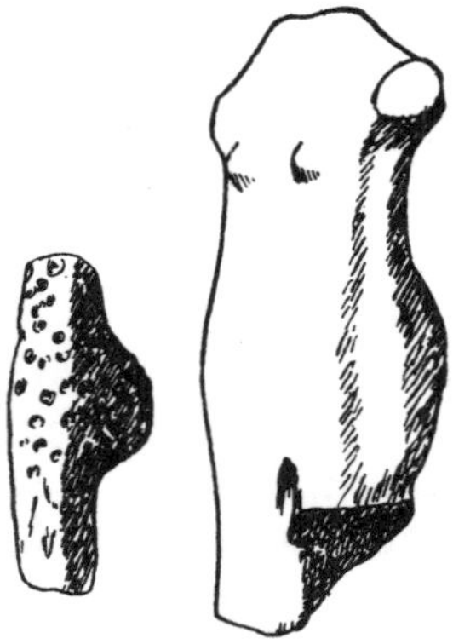

Abb. 8. Weibliche Tonfiguren der jüngeren Steinzeit von Ottitz, Kr. Ratibor.

überhaupt die Möglichkeit besitzen, für Zeiten ohne Überlieferung die Familienform erschließen zu können. Über einen gewissen Grad der Wahrscheinlichkeit werden wir hier niemals hinauskommen, es sei aber zur Bekräftigung noch eine Beobachtung der Völkerkunde benutzt, daß die Familienform in enger Verbindung mit der Gesamtkultur steht, daß besonders bei niederen Boden-

[1]) Weibliche aus Bronze gegossene Götterbilder (Abb. 15) der frühen Eisenzeit sind im Ostseegebiete einzeln im Boden, einmal in einem Grabe gefunden worden: eines Västergotland, 3 östliches Schonen, eines Seeland, eines Pommern. Vgl. Arne: Fornwännen. 1909. S. 17ff. Der Verfasser stellt sie zu vorderasiatischen Astartebildern. — Schon ein Bronzerasiermesser aus Holstein der jüngeren Bronzezeit trägt als Griff eine weibliche, ein Gefäß haltende Kultfigur, die einem südeuropäischen Typus angehört. Auch die Tracht verrät die fremde Herkunft der Vorlage dieses heimischen Bronzegusses. (Vgl. dazu Girke: Die Tracht der Germanen I. Mannusbibl. Nr. 23. S. 35).

bauvölkern die Mutterfamilie ausgebildet ist[1]). So unsicher auch das Ergebnis bleiben muß, mag doch darauf hingewiesen werden, daß auffallende Übereinstimmungen zwischen der Bandkeramikkultur[2]) und „mutterrechtlichen Kulturen" dieser Bodenbauvölker in Wirtschaft (Bodenbau), Siedelungsform (Dorfsiedelung), Spiralverzierung der Tongefäße und figürlicher Plastik bestehen.

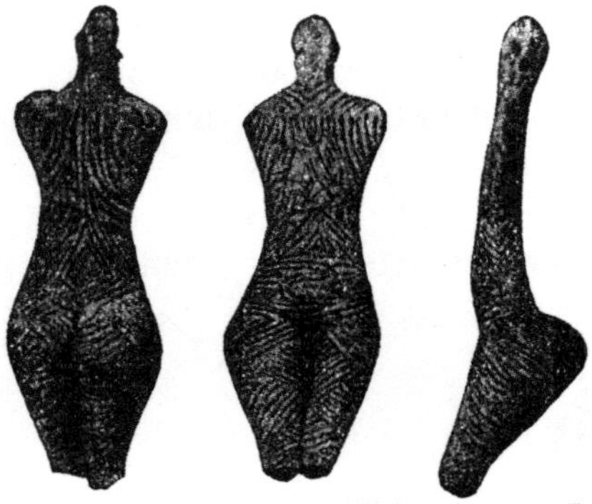

Abb. 9. Weibliche Tonfigur der jüngeren Steinzeit von Cucuteni, Rumänien. Nach Forrer: Urgeschichte des Europäers.

Vaterfamilie im alten Europa. Die heute in Europa herrschende Vaterfamilie hat erst mit den indogermanisch sprechenden Völkern ihre Ausbreitung gefunden; (zu ihnen gehören die westindogermanischen Völker der Griechen, Italiker, Kelten, Illyrier, Germanen und die ostindogermanischen der Slawoletten, Thraker, Perser und Inder, um die bekanntesten anzuführen); denn sie ist die urindogermanische Familienform, wie das erschlossene indogermanische Sprachgut und die Überlieferung der Einzelvölker ergibt[3]). Die verschiedenen indogermanischen Völker müssen einst etwa bis zu der Zeit, in der zuerst das Metall Eingang fand, in engerer Verbindung miteinander gestanden haben und auf begrenzterem Raum beschränkt gewesen sein. Mit gutem Grunde hat die Vorgeschichtsforschung in der nordischen Megalithkultur der jüngeren Steinzeit mit ihren Ausläufern die Hinterlassenschaft der indogermanischen Völker vor ihrer Ausbreitung gesehen (s. Karte 3 u. 4)[4]). Unterschiede zu der bandkeramischen Kultur treten

---

[1]) E. Große: Die Formen der Familie und die Formen der Wirtschaft. 1896. — Fr. Graebner: Ethnologie in „Kultur der Gegenwart". Bd. V, Reihe 3. Anthropol. 1922.

[2]) Darüber z. B.: Kossinna: Die Urfinnen und die Urindogermanen". Mannus I. 1909. — Hoernes-Menghin: Urgeschichte der bildenden Kunst in Europa³. 1923. — G. Wilke: „Spiralmäanderkeramik und Gefäßmalerei". Mannusbibl. Nr. 1.

[3]) O. Schrader: Reallexikon der indogermanischen Altertumskunde². „Familie".

[4]) G. Kossinna: Die indogermanische Frage archäologisch beantwortet. Zeitschr. f. Ethnol. 1908; ferner Mannus I, 1909 und Mannus XVI, 1924. S. 174. Ich schließe mich also der in der erstgenannten Arbeit von Kossinna vertretenen Auffassung an, daß die bandkeramische Kultur nicht indogermanisch ist.

hier deutlich in Erscheinung. Der Bodenbau hatte eine geringere Bedeutung als bei jenen südöstlichen Völkern, man siedelte meist vereinzelt, Plastik fehlt vollkommen, die Gefäße tragen gebundene Vertikal- und Horizontalverzierung, besonders hoch steht die Technik und Formgebung der Steingeräte; die Toten wurden in gewaltigen Grabkammern beigesetzt, die den Körper erhalten sollten. Menschliche Gestaltung der Gottheit war unbekannt, durch das Symbol wie Rad, Kreuz, Axt wurde sie bezeichnet. Die Träger der Kultur waren kühne Eroberer, deren Züge sich weit in die russische Ebene hinein verfolgen lassen; die nordische Rasse herrscht vor. Was aus den Bodenfunden zu erschließen ist, stimmt bestens überein mit dem Charakter der indogermanischen Völker, wie wir sie aus der Geschichte kennen.

Wenn aber die nordischen Völker als herrschende Schichten sich über die südeuropäischen Bodenbauvölker setzten, so ist sehr verständlich, daß gesellschaftliche Einrichtungen der Herrscher zur Geltung kamen. Die Mutterfamilie der Liburner Illyriens mag indes noch die ältere über Südosteuropa einst verbreitete Familienform bewahrt haben. Bei einer Überlagerung werden jedoch immer wieder die bodenständigen Anschauungen durchdringen, wie wir schon bei den Germanen, die sich im Rheingebiet festsetzten, bemerkt haben. So treten auch in der ostdeutschen Kultur der Bronzezeit an der Grenze des Germanenlandes, die nach Kossinnas Forschungen einem nordillyrischen Volke angehört, im Laufe der Zeit ältere Vorstellungen wieder mehr hervor, Zeugen dafür sind weiblich gebildete Idole[1]).

Ergebnis. In den Randzonen Europas im Süden und Westen ist für die letzten Jahrhunderte vor Chr. die Herrschaft der Mutterfamilie zu erweisen. Vielleicht nahm sie einmal weitere Gebiete Europas ein[2]), wobei besonders das Rheinland als Grenzgebiet der Germanen hervorzuheben ist, bis zu dem in vorgeschichtlicher Zeit nach Bodenfunden westeuropäische Völker (man vermutet hier u. a. die geschichtlich bekannten Ligurer und Iberer) vorgedrungen sind. Weiter zurück vor dem 2. Jahrtausend vor Chr. ist vielleicht für den großen mitteleuropäisch-südosteuropäischen Kulturkreis der Bandkeramik nach verschiedenen Anzeichen die Mutterfamilie anzunehmen, wobei noch bemerkenswert ist, daß die Kultur Menschen eigen war, die

---

[1]) Tonidol mit Halsschmuck, in der großen Siedelung illyrischen Charakters von Buch bei Berlin: Kiekebusch: Die Ausgrabung des bronzezeitlichen Dorfes Buch bei Berlin. 1923. S. 80. — Tonfigur mit Halsschmuck und Gefäß von Dechsel, Kr. Landsberg: Zeitschrift f. Ethnol. 1902. S. 50ff. Der bekannte Kultwagen mit weiblicher, ein Becken haltender Figur von Strettweg bei Judenburg, Steiermark (verschiedentlich abgebildet). Vgl. dazu das S. 9, Anm. 1 genannte Bronzemesser aus Holstein. — E. Blume macht Mannus IV. 1912. S. 75ff. den Versuch, aus den Bodenfunden dieser nordillyrischen Kultur (damals karpodakisch genannt) die Gesittung zu erschließen mit dem Ergebnis (S. 87), daß auch hier die bei den Thrakern überlieferten Zustände geschlechtlicher Zügellosigkeit herrschten. Diese gar nicht zu dem Charakter der indogermanischen Völker passende Lebensauffassung ist wahrscheinlich das Ergebnis der Mischung mit der älteren Bevölkerung.

[2]) Es ist eine unbegründete Konstruktion S. Feists, wenn ursprünglich Europa der Erdteil der Mutterfamilie, Asien der der Vaterfamilie gewesen sein soll (a. a. O., S. 100f.); auf beiden Erdteilen sind Vatervölker und Muttervölker altheimisch.

nach den Skelettfunden der heutigen Mittelmeerrasse Westeuropas nahestehen[1]). Auch diese Kultur reicht bis in das mittlere Deutschland. Im Kerngebiet der Germanen aber deutet nichts in den Kulturhinterlassenschaften auf Mutterrecht. Alles spricht gegen einen Wechsel der Familienform auch bei den steinzeitlichen Vorfahren der Germanen, höchstens, daß sie Bestandteile hochnordischer Jägervölker, der Träger arktischer Kultur, aufgenommen haben[2]), deren Familienaufbau wir nicht kennen, die aber gewiß, selbst wenn bei ihnen die mutterrechtliche Anschauung herrschte[3]), nicht der germanischen Familie das Gepräge gaben.

---

[1]) Schliz: Archiv f. Anthropol. N. F. IV, 1908. S. 256ff.

[2]) Kossinna: „Die Heimat der Urindogermanen und Urfinnen und ihre Ausbreitung nach dem Osten". Mannus I, 1909. — Derselbe: „Die Indogermanen". Mannusbibl. Nr. 20. 1921.

[3]) Männliche und weibliche Idole sind in ihren Siedelungen gefunden. — Man könnte auch auf die Frauenherrschaft der Sitonen hinweisen (S. 6).

Abb. 10. Vornehme Frau der Bronzezeit.
Nach S. Müller: Nordische Altertumskunde.

Die Frau[1]).

Rechtliche Stellung. Das herrschende Vaterrecht zog Folgerungen nach sich, die auch die rechtliche Stellung der Frau bestimmten. Während bei Völkern mit mutterrechtlicher Einstellung selbst Frauenherrschaft nicht unbekannt war, entbehrte bei den Germanen die Frau die Selbständigkeit, sie war der Vormundschaft bedürftig, sei es der ihres Vaters oder seines Vertreters als Unverheiratete, sei es der ihres Ehegemahls nach ihrer Verehelichung; sie war somit auch nicht erbberechtigt. Ja die Gewalt des Eheherrn reichte soweit, daß er ein Recht hatte, seine Frau im Notfall in Knechtschaft zu geben; der Bruch der Ehe durch die Frau wurde durch schimpfliche Ausweisung gesühnt (Tacitus, G. 19).

Wenn so die Lage der Frau nach dem Rechte als trübe erscheinen kann, wurde sie durch die wirklichen Verhältnisse, wie wir aus Bodenfunden und aus Überlieferung ersehen, in ein freundlicheres Licht gerückt. Schließlich bestimmte nicht die rechtliche Stellung die Lage der Frau, sondern die Gesinnung ihres Gebieters. Wie es in dieser Beziehung germanische Art war, werden wir im folgenden erfahren. — Mutterrecht hebt die Lage der Frau nicht, wie man wohl vermuten könnte; im Gegenteil, es zeigt sich, daß gerade bei mutterrechtlich organisierten Bodenbauvölkern die Frau in gedrücktester Stellung lebt.

Tätigkeit der Frau. Aus den Funden und den ältesten historischen Berichten können wir ein Bild entwerfen von der alltäglichen Beschäftigung der Frau. Hier wird allerdings der vornehmen Frau manche Arbeit abgenommen worden sein, die unter gewöhnlichen Umständen von Frauen geleistet werden mußte. Der Frau lag die Erziehung der Kinder ob. Daneben

---

[1]) K. Weinhold: Die deutschen Frauen in dem Mittelalter³. 1897. — Kossinna: Die Frau in der Vorgeschichte Mitteleuropas. Mannus, Erg.-Bd. 2, 1911. S. 2ff.

war die häusliche Beschäftigung aller Frauen das Spinnen und Weben, das in geschichtlicher Zeit selbst Königinnen nicht verschmähten. Der Spinnwirtel und die Nähnadel ist eine häufige Beigabe in frühgeschichtlichen Frauengräbern. Plinius (historia nat. 19, 1) erwähnt besondere unterirdische Räume, in denen zur Winterszeit diese Arbeit verrichtet wurde. Dazu kam noch die Sorge für den Haushalt, die der einfacheren Frau oblag, so Mahlen und Backen, Bereiten der Speisen. Auch das Anfertigen von Tongefäßen war Frauenarbeit[1]), in Hof und Feld betätigte sie sich[2]).

Im Kampfe standen die Frauen den Männern bei, feuerten sie an, ja griffen gar in den Kampf ein, pflegten die Verwundeten und erforschten den Ausgang des Kampfes (Tacitus, G. 7 u. 8).

Achtung vor der Frau. Ein germanischer Zug war es, die Frauen zu ehren (Tacitus, G. 8). Vor Blutrache waren sie geschützt; durch vornehme

Abb. 11. Frauenschmuck aus Funden der Bronzezeit, Bornholm. Nach Sophus Müller: Nordische Altertumskunde.

Jungfrauen als Geiseln fühlten sich Völkerschaften besonders gebunden. Da man den Frauen eine gewisse Heiligkeit und die Gabe des Vorhersehens zuschrieb, wurden sie selbst zu Priesterinnen (so bei den Cimbern); mitunter stiegen derartige Frauen zu großem Einflusse und zu Verehrung empor.

Das Ansehen der Frau ist auch aus dem Aufwande bei ihrer Bestattung zu erschließen. Den vornehmen Frauen der Bronzezeit ist dieselbe Sorgfalt bei der Bestattung erwiesen, wie dem vornehmen Manne. Die großen Hügel bergen sorgfältig in Steinpackung und Holzsarg die Frau in Gewandung und vollem Schmuck (Abb. 10 u. 11), der natürlich je nach Reichtum verschieden

---

[1]) Ein Rollstempel zur Herstellung der Rädchenmuster auf Tongefäßen in einem Frauengrabe der frühgeschichtlichen Zeit: Urnenfriedhof von Darzau, Pr.-Hannover. Vgl. Hostmann: Der Urnenfriedhof bei Darzau. Taf. X, 17.

[2]) Auch reich ausgestattete Frauengräber der Bronzezeit enthalten Sicheln, so das der älteren Bronzezeit von Prästø (Dänemark) (2 Sicheln) Aarböger 1891. S. 204; ein Grab der mittleren Bronzezeit von Löbbersdorf (Mecklenburg-Schwerin) Belz: Die vorgeschichtlichen Altertümer des Großherzogtums Mecklenburg-Schwerin. S. 175.

ist. Allerdings sind in der Bronzezeit, soweit Männer- und Frauengräber auseinandergehalten werden können, bedeutend mehr Bestattungen von jenen auf uns gekommen, wie übereinstimmend die Statistiken verschiedener Landschaften ergeben[1]); es haben sich also Frauen häufig mit einfacheren Bestattungen begnügen müssen.

Auch in der Zeit der Urnengräber war für die Frau in eben so hohem Maße gesorgt wie für den Mann. Die eigenartigen ostdeutschen Gesichtsurnen der frühen Eisenzeit, die als menschliche Körper gestaltet sind und doch wohl den Leichenbrand besonders ausgezeichneter Personen bergen, enthalten die Überreste von Männern wie von Frauen (Abb. 12); dasselbe gilt vielleicht auch für die Tongefäße in Hausform, die Haus-

Abb. 12. Gesichtsurne mit Frauenschmuck, Westpreußen. Mus. Danzig.

urnen. Die Frauengräber der vorrömischen Eisenzeit und besonders die der frühgeschichtlichen Zeit sind vielfach durch Schmuckstücke ausgezeichnet (Abb. 13 u. 14), die durch diese Beigaben die Männergräber an Glanz übertreffen.

Die Frau in der religiösen Vorstellung. Charakteristisch für die Stellung der Frau sind die religiösen Vorstellungen der Germanen. Da

[1]) Schleswig-Holstein (nach Splieth: Inv. d. Bronzealterfunde aus Schleswig-Holstein). Bronzezeit Per. I 40 Männergräber, 20 Frauengräber, Per. II 87 Männergräber, 24 Frauengräber, Per. III 68 Männergräber, 22 Frauengräber. — Mecklenburg (nach Beltz: Die vorgeschichtlichen Altertümer des Großherzogtums Mecklenburg-Schwerin) Bronzezeit Per. II unter 20 Gräbern 8 Männergräber, 2 Frauengräber, Per. III unter 233 Gräbern 76 Männergräber, 53 Frauengräber. — Dänemark: (nach S. Müller: Aarböger 1891. S. 183; Nordische Altertumskunde. S. 353, 414) ältere Bronzezeit: etwa 100 Männergräber, 70 Frauengräber durch Beigaben gesichert; jüngere Bronzezeit: 26 Männergräber, 17 Frauengräber.

der Mann das öffentliche Leben beherrsche, waren auch die hohen Gottheiten männlichen Geschlechts. Dem führenden Gott der frühgeschichtlichen Zeit, Wodan—Odin, stellte man eine Gemahlin zur Seite, die Frija=Frigg, deren Name, wörtlich die „Geliebte", nichts anderes als ihr Verhältnis dem Gotte gegenüber zum Ausdruck bringt. Erst in späterer Zeit spielt sie eine

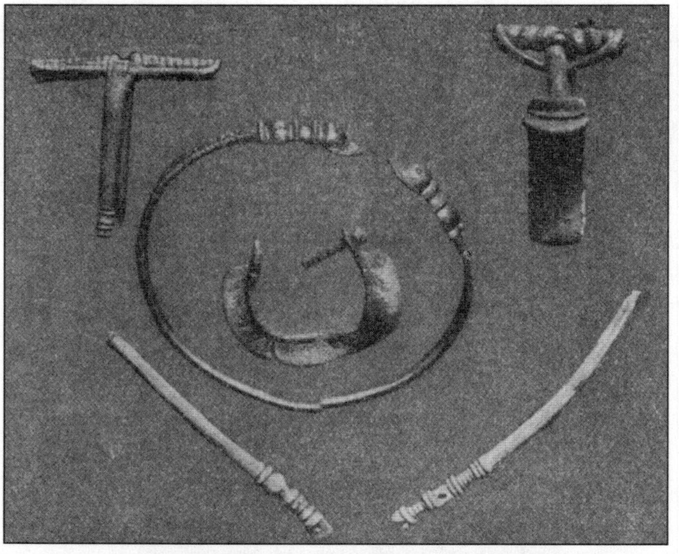

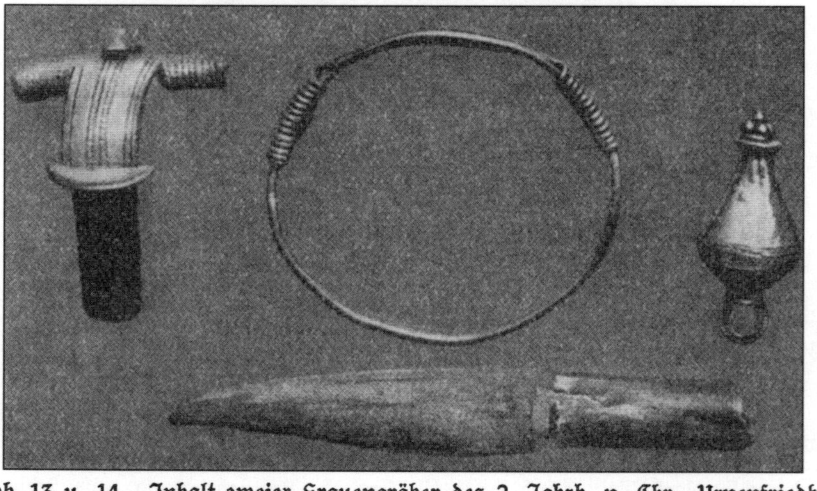

Abb. 13 u. 14. Inhalt zweier Frauengräber des 2. Jahrh. n. Chr., Urnenfriedhof bei Darzau, Prov. Hannover. Nach Hahne: Das vorgeschichtliche Europa.

selbständige Rolle als Schützerin. Die Anfänge dazu sind schon in der bei Paulus Diaconus überlieferten langobardischen Stammessage enthalten, wo die Frea ihren Gemahl Gwodan überlistend den Winilern zum Siege über die Wandalen verhilft. Bei Tacitus sind Gemahlinnen der germanischen Hauptgottheiten noch nicht genannt.

Aus einer ursprünglichen Einheit aber mögen die Götterpaare gleichen Namens Njordr—Nerthus, Freyr—Freyja hervorgegangen sein.

Als weiblich stellte man sich die göttlichen Wesen vor, die zu der Erde Beziehung hatten, so auch die in der Erde hausende Totengottheit. Die Mutter Erde fand besonders bei wachsender Bedeutung des Feldbaues vielleicht erst unter fremden Einfluß zunehmende Verehrung. In vorgeschichtlicher Zeit tritt auf den Felszeichnungen Skandinaviens, die mindestens zum Teil religiösen Inhalts sind, die Frau noch ganz zurück. Einige Male erscheint sie als Gattin (vgl. auch Abb. 17 u. 19), einmal in Verbindung mit einem

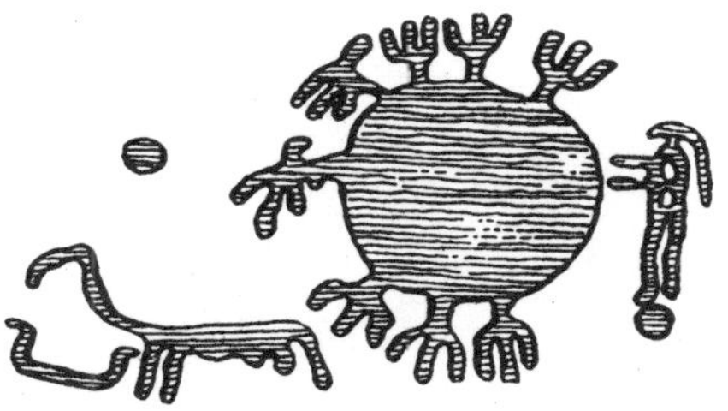

Abb. 15. Weibliche Gestalt, Göttin oder Priesterin, einer bronzezeitlicher Felsenzeichnung von Bohuslän. Nach Mannus, Zeitschrift f. Vorgesch.

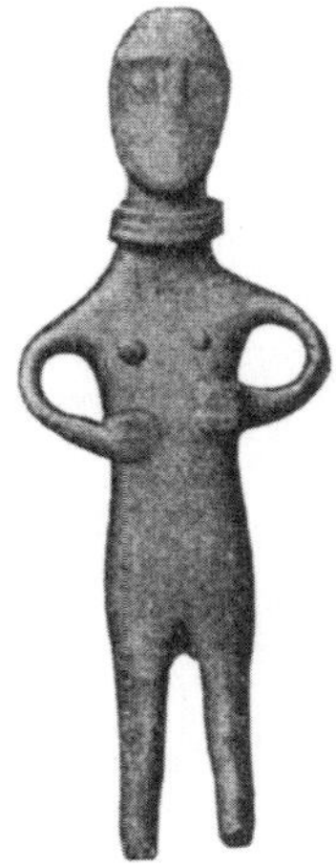

Abb. 16. Weibliche Bronzefigur der frühen Eisenzeit von Schonen. Nach Montelius: Kulturgeschichte Schwedens.

Gegenstande, dessen Bedeutung nicht bekannt ist (Abb, 15, gedeutet als Frühlingsgöttin oder als Priesterin). Die ersten weiblichen Götterbilder stammen — wenn von dem Figürchen des Holsteinischen Bronzemessers abgesehen wird (vgl. S. 15, [1]) — aus der frühen Eisenzeit (Abb. 16 und Karte 6); es sind unbekleidete, z. T. mit Halsring versehene Bronzefiguren, die wohl eine Erdgöttin darstellen (vgl. S.15, [1]); es mag ein Zusammenhang zwischen diesen im Ostseegebiete gefundenen Figuren heimischer Arbeit aber südlichen Charakters und der Einführung des Nerthuskultes mit seinen nach Südeuropa weisenden Formen bestehen.

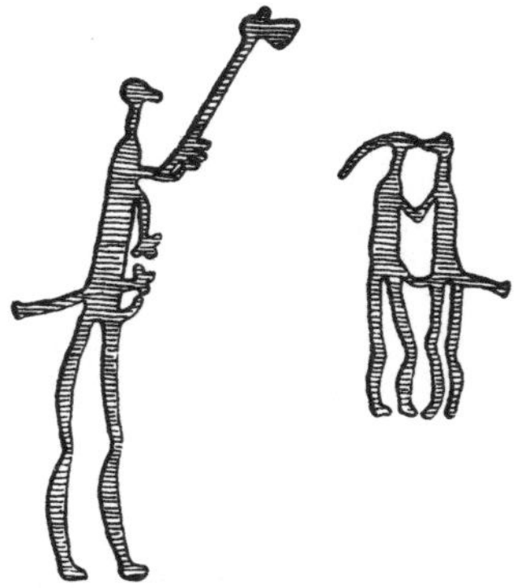

Abb. 17. Axtgottheit, die Ehe segnend. Bronzezeitliche Felsenzeichnung von Bohuslän, Schweden.
Nach Mannus, Zeitschrift für Vorgeschichte.

Die Ehe.

Einehe. Bei den Germanen war, soweit wir über ihre Eheform Aufschluß erlangen können, im allgemeinen die Einehe üblich. Tacitus hebt dieses besonders hervor (G. 12). Wenden wir den Blick anderen indogermanischen Völkern zu, sehen wir, daß sie zum Teil in Einehe, so die Griechen und Römer, zum Teil, nämlich Inder, Perser, Thraker, Päonier, Preußen und Slawen, in Vielweiberei lebten. Letztere sind die östlichen Indogermanenvölker, die sich auch sprachlich und in ihrer aus der Sprachwissenschaft erschlossenen Kultur von den westlichen Indogermanen trennen. Man möchte eher vermuten, daß die Ostvölker hier fremde Sitten angenommen haben, als daß bei den gesamten Indogermanen die Vielweiberei die ursprüngliche Eheform war, wie Schrader meint[1]).

Daß die Germanen auch Kebsen kannten, die Bezeichnung ist gemeingermanisch, wird nicht gegen die Einehe geltend gemacht werden können. Soweit vorgeschichtliche Funde Aufschluß geben, sprechen sie ebenfalls eher für die Einehe[2]), wenn sie auch naturgemäß nicht unbedingt eindeutig darauf hinweisen. Mehrfach ist gemeinsame Bestattung von Mann und Frau in bronzezeitlichen Gräbern nachgewiesen[3]). Nebeneinander finden sich dann im Grunde des Hügels zwei Gräber, das eine mit den Beigaben des Mannes, das andere ohne erhaltene Ausstattung oder mit Frauenschmuck. In einigen Fällen lassen die Fundumstände die Deutung zu, daß eine gleichzeitige Bestattung stattgefunden hat, daß also die Frau ihrem Mann im Tode folgte. So dürfte die im Innern des Steinhügels gebaute Grab-

[1]) Z. T. mag diese Ansicht von der Vorstellung beeinflußt sein, daß die Vielweiberei überhaupt eine ältere Form des Zusammenlebens ist, doch auch die Völkerkunde lehrt, daß gerade in ursprünglichen Zuständen die Einehe herrscht.

[2]) So auch Sophus Müller: Nordische Altertumskunde. S. 447.

[3]) Vgl. Beltz: Die vorgesch. Altert. d. Großherzogt. Mecklenburg-Schwerin. Ältere Bronzezeit. S. 201ff. und Tabelle. — S. Müller: a. a. O., S. 447. — O. Montelius: Kulturgeschichte Schwedens. S. 84. — Lüneburger Gegend: Lienau: Mannus V, 1913. S. 233.

kammer des Königsgrabes von Seddin in der Prignitz, die neben Mann und Frau noch die Überreste eines Kindes barg (Abb. 18), nach der ersten Bestattung nicht mehr zugänglich geblieben sein[1]). Noch in geschichtlicher Zeit ist die Sitte bei Herulern und anderen Nordgermanen bezeugt. Bei einer innigen Zuneigung der Ehegatten hatte die Vereinigung auch im Tode

Abb. 18. Inhalt einer Grabkammer der jüngeren Bronzezeit, „Königsgrab" von Seddin, Prignitz.
Nach Mannus, Zeitschrift für Vorgeschichte.

---

[1]) Die Haupturne (Metallurne in der Mitte, die in der großen Urne links stand) enthielt Leichenbrand eines 30—40jährigen Mannes; daneben Urne mit Leichenbrand einer 20—30 Jahre alten Frau und außerdem Urne mit Leichenbrand einer jugendlichen, vielleicht weiblichen Person. — Kiekebusch: Vorgeschichte der Mark Brandenburg. S. 80ff.

nichts Schreckhaftes[1]). Ein spätes Zeugnis für die altgermanische Gesinnung bietet die schon in christlicher Zeit auf Island spielende Njalsaga, in der die alte Bergthora mit ihrem Gemahl sterben will mit den Worten: „Als jung wurde ich dem Njal gegeben; da habe ich ihm versprochen, ein Schicksal solle uns beide treffen."

Für die Witwe, das Wort ist gemeinindogermanisch, war dadurch gesorgt, daß sie nach dem Tode ihres Gemahls weiter dem Verwandtenkreis desselben unterstand; es entspricht aber der germanischen Anschauung, daß sie nicht frei über sich verfügen konnte.

Mehrehe der Vornehmen. Eine Abweichung von der üblichen Einehe wird indes bei Tacitus G. 18 erwähnt, daß sehr wenige Germanen mehrere Frauen besaßen, da sie ihres hohen Standes wegen mehrfach umworben wurden. So hatte eine der ältesten geschichtlichen Persönlichkeiten der Germanen, der Swebenfürst Ariovist neben einer Germanin eine edle Pannonierin als Gattin. Eine verschiedene Einstufung dieser beiden Frauen, die gewiß beide vornehmer Herkunft waren, ist nicht anzunehmen. Derartige aus politischen Gründen eingegangene Verbindungen sind jedenfalls nicht als der Rest einer älteren Eheform aufzufassen. Auch spätere frühmittelalterliche Zustände werden gegenüber der klaren Angabe von Tacitus nicht ohne weiteres für ältere Zeiten Geltung beanspruchen dürfen.

Heiratsordnung. Die Frau wurde nicht aus der eigenen Sippe gewählt, angelsächsisch sibleger, eigentlich Beilager innerhalb der Sippe, bezeichnet die Blutschande[2]). Die Heirat der Stiefmutter war dagegen in frühgeschichtlicher Zeit bei Angelsachsen und Warnen gestattet, den Brauch haben gewiß beide Stämme aus ihrer jütländischen Heimat mitgebracht[3]). Wie weit durch Heiratsverträge zwischen verschiedenen Sippen der einzelne bei der Auswahl der Frau an bestimmte Regeln gebunden war, entzieht sich unserer Kenntnis. Derartige Verträge mögen zu der Bildung der skandinavischen Völkerschaft der Swionen (jetzt Schweden) geführt haben, deren Namen die „Verschwägerten" bedeutet.

Es war altgermanische Auffassung, die sich noch lange gehalten hat, daß eine rechtlich gültige Ehe mit Unfreien nicht geschlossen werden konnte.

Eheschließung. Die altgermanische Eheschließung war an feststehende Sitten geknüpft, die z. T. in die indogermanische Zeit hineinreichen. Manche der heutigen volkstümlichen Hochzeitsbräuche im alten Germanenlande machen noch einem recht altertümlichen Eindruck, es wird aber immer die Möglichkeit späterer Übertragungen vorliegen. Sicher ist, daß bei der Heirat der Wille der Verwandtschaft des Mädchens, insbesondere des Vormundes, maßgebend war. Kinderverlöbnis jedoch ist bei den Germanen auch

---

[1]) So auch Grimm: „Über das Verbrennen der Leichen". Abhandl. d. Berl. Akad. d. Wissensch. 1849. S. 236f, 238. Nach Prokopius bell. Got. II, 14 war es für die Witwe des Herulers ruhmvoll, wenn sie sich an dem Grabhügel des Gatten bald erhängt.

[2]) Die göttliche Geschwisterehe des Freyr und der Freya spiegelt nicht menschliche Verhältnisse wieder (siehe S. 17).

[3]) Beda II, 5 (Angelsachsen), Prokopius IV, 20 (Warnen).

nicht in Spuren nachzuweisen. Nicht vor dem 20. Lebensjahr trat man einer Frau näher (Caesar bell. Gall. VI, 21). Die Werbung des Jünglings bei der Familie des Mädchens geschah durch eine Mittelsperson. Die Ehe wurde feierlich durch einen Vertrag geschlossen, der mit gegenseitigen Gaben verbunden war. Tacitus berichtet G. 18, daß der Braut Rinder, gezäumtes Roß, Schild, Schwert und Speer im Beisein ihrer Verwandtschaft übergeben wurden, die die Gegenstände prüfte. Der Bräutigam empfing dagegen von der Braut Waffen. Von einer Gabe an die Verwandten der Braut, die ursprünglich einen Kaufpreis bedeutet habe, wie vielfach angenommen, ist hier nichts erwähnt. Aber auch für die Geschenke an die Verwandten besitzen wir ein wenn auch nicht gemeingermanisches, so doch altwestgermanisches Wort in „Wittum". Die germanische Ehe wird am besten und treffendsten

Abb. 19. Erwerbung einer Frau durch Kampf. Bronzezeitliche Felsenzeichnung von Bohuslän, Schweden.
Nach Mannus, Zeitschrift für Vorgeschichte.

als **Vertragsehe** bezeichnet[1]). Durch die **Handnahme** wird symbolisch dargestellt, daß die Braut in die Gewalt (althochdeutsch munt = Schutz, verwandt mit lat. manus = Hand) ihres Eheherrn tritt. Vorgeschichtlich ist ferner die feierliche Einholung der Braut, wofür die gemeingermanische Bezeichnung „**Brautlauf**" besteht. Ein Verhüllen der Braut scheint bei den Germanen nicht üblich gewesen zu sein. Die besondere Schmückung der Braut dürfte dagegen sehr alt sein, vielleicht auch die heute ländlich verbreitete Brautkrone. Ebenso mag eine der Haubung der Braut ähnliche Zeremonie weit in vorgeschichtliche Zeiten zurückgehen, da wohl schon in der Vorzeit durch die Haartracht die Frau sich von Mädchen schied[2]).

---

[1]) So v. **Amira**: Grundriß des germanischen Rechtes[3]. (In „Grundriß der germanischen Philologie). S. 178f.

[2]) Das aufgesteckte in einem Haarnetze aufgefangene Haar der Frau von Borum-Eshöi in Jütland war wohl Tracht der Verheirateten (Abb. 11) (G. Girke: Die Tracht der Germanen. I. Mannusbibl. Nr 23. S. 30 u. 41), während die jugendliche

Die Menge der Bräuche, die auf Fruchtbarkeits- und Abwehrzauber zurückgehen, scheinen teils altüberliefert zu sein, teils mögen sie andere Bräuche desselben Sinnes ersetzt haben.

All diese Formelhaftigkeiten fallen weg, wenn die Frau durch Entführen gewonnen wurde, was gewiß nicht selten war. Ob wir indes von einer einst üblichen Raubehe sprechen können, erscheint doch zweifelhaft. Manche Hochzeitsbräuche, wie Verstecken der Braut, Begleiten der Braut

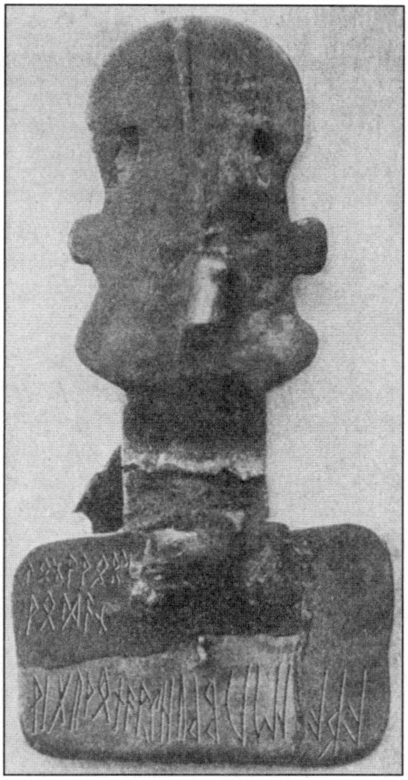

Abb. 20. Gewandhafte der Völkerwanderungszeit von Nordendorf, Schwaben.
Runeninschrift: Die Heirat ersiege Wodan, weihe Donar.
Nach Hahne: Das vorgeschichtliche Europa.

durch Bewaffnete, sollen noch Spuren davon tragen. Jedenfalls hat man bei Weigerung des Vaters des Mädchens dessen gewaltsame Erringung nicht

etwa 20jährige weibliche Person von Egtved bei Kolding in Jütland herabhängendes Haar hatte (Kossinna: Mannus XIV, 1922. S. 148ff. — Ein Unterschied in der Frauen- und Mädchentracht könnte auch darin gesehen werden, daß die Frau von Borum-Eshöi einen langen sehr faltenreichen Rock trug, während der Rock von Egtved kurz war). Auch die verheirateten Frauen in frühgeschichtlicher Zeit scheinen nach den römischen Darstellungen in der Regel aufgesteckte Haar oder ein Kopftuch getragen zu haben (Girke: a. a. O. II. S. 103ff.). Mit Bronzebuckelchen besetzte Hauben trugen in frühgeschichtlicher Zeit nach Grabfunden die Gotenfrauen (Almgren: Die ältere Eisenzeit Gotlands, I. S. 19).

gescheut. Noch in geschichtlicher Zeit wurde die Entführung unter der Bedingung als Ehe anerkannt, daß nachträglich die Muntschaft wohl durch die üblichen Formalitäten der Vertragsehe erworben wurde. Vielfach aber führte der Frauenraub gewiß, wie heute unter ähnlichen gesellschaftlichen Verhältnissen, zu Sippenfehden. Bekannt ist an der Schwelle der geschichtlichen Zeit hierfür die Entführung der Tochter des Segestes Thusnelda durch Arminius, der sich dadurch bitterste Feindschaft seines Schwiegervaters zuzog.

Wie in frühgeschichtlicher Zeit die Ehe unter dem Schutze des Donar—Thor stand[1]), und Thor nach nordischer Überlieferung mit seinem Hammer den Ehebund weihte, so scheint sich die Vorstellung selbst auch in der Bronzezeit nachweisen zu lassen. Auf einer der schwedischen Felsenzeichnungen von Tanum in Bohuslän ist ein Gattenpaar abgebildet, über dem eine Gottheit die Axt schwingt (Abb. 17)[2]). Eine mythische Raubehe schildert vielleicht eine zweite Felsenzeichnung von Tanum, die Ankunft eines Helden zu Schiff, Tötung des Wächters und Vereinigung mit der Jungfrau (Abb. 19)[3]).

Ehelosigkeit. Der heiratsfähige, aber ehelose Mann wurde nicht als vollwertig angesehen, Ehelosigkeit mag indes trotzdem nicht so selten gewesen sein. Die Erwerbung der Braut und der Unterhalt eines Hausstandes erforderten Mittel, die nicht jedem zur Verfügung standen. Die gemeingermanische Bezeichnung *hagu-stalda, unser Hagestolz, bedeutet ursprünglich den Besitzer eines umhegten Grundstücks, das offenbar so klein war, daß es vielfach nicht zur Ernährung einer Familie ausreichte, so erhielt sie im westgermanischen die uns geläufige Bedeutung „Junggeselle", im altnordischen „Krieger". Gerade der Mann ohne Familie widmete sich ganz dem Kriegertum. Die Ehelosigkeit alter Kämpen, die als Gäste von Haus zu Haus zogen, mochte als Verachtung des Hausstandes ausgelegt werden, wie es bei den Chatten (Tacitus, G. 31) überliefert ist.

---

[1]) So trägt die Nordendorfer Spange der Völkerwanderungszeit die Runenschrift: „Die Heirat ersiege Wodan; weihe Donar" und weiter „Awa hat die Spange dem Leubwini geschenkt" (Abb. 20).

[2]) Bing: Germanische Religion der älteren Bronzezeit. Mannus VI, 1914. S. 169.

[3]) Schulz: Mannus VI, 1914. S. 324.

Abb. 21. Gehöft der Völkerwanderungszeit, Gotland.
Nach Modell: Landesanstalt für Vorgeschichte, Halle.

Die Hausgemeinschaft.

Hausherr und Hausfrau. Die Hausgemeinschaft[1]), deren gemeingermanische Bezeichnung in althochdeutsch hiwiski erhalten ist, untersteht dem Hausherrn. Zu den Hausgenossen (althochdeutsch hiwon, urverwandt mit lat. civis) gehört nicht nur die Familie, sondern auch im Dienste des Hausherrn stehende Fremde. Die Stellung des Hausherrn gleicht der bei anderen indogermanischen Völkern, für die die griechische Benennung despotes charakteristisch ist, die ursprünglich wörtlich den Hausherrn und dann verallgemeinert den selbständigen Herrscher bezeichnet. Gemeingermanische Bezeichnungen des Hausherrn können nicht mit Sicherheit festgestellt werden, doch ist aus gotisch heiwafrauja (Herr der Hausgenossenschaft), aus skandinavisch und englisch „Er selbst" die Stellung des Hausherrn auch bei den Germanen deutlich[2]). In seinem häuslichen Kreise verrichtet er priesterliche Handlungen (Tacitus, G. 10). Manche öffentlichen Angelegenheiten, wie Kriegszüge, Ratsversammlungen, die Gemeinde oder Völkerschaft betrafen, hielten ihn vom Hause fern, wohl mögen wir auch Tacitus (G. 15) glauben, daß er nicht gerne an häuslicher Arbeit sich beteiligte. So war ihm die Hausfrau eine unentbehrliche Genossin, in deren Hand sich die Wirtschaft des Hauses vereinigte[3]). Sie bildet mit dem Hausherrn zusammen eine Lebensgemeinschaft, dessen altwestgermanische Bezeichnung in althochdeutsch sinhiun erhalten ist.

Familie. Die Familienmitglieder, die in einem Gehöfte beisammen wohnen, gehören einem engeren oder weiteren Verwandtschaftskreise an, je nachdem die herangewachsenen Söhne die Hausstatt verlassen und ein eigenes Haus gründen, oder selbst als Verheiratete mit ihren Frauen und Kindern im Gehöft verbleiben, so daß die Hausherrschaft sich auf den ältesten Sohn

---

[1]) Vgl. Kauffmann: Altdeutsche Genossenschaften. D. Hausgemeinschaft. „Wörter und Sachen". II. 1910. S. 26ff.

[2]) So beruht es auch auf dieser Anschauung, wenn im deutschen Brauche noch in neuerer Zeit dem Mann, der sich von seiner Frau hatte schlagen lassen, der also offensichtlich nicht Herr seines Hausstands war, das Dach des Hauses abgedeckt wurde. Vgl J. Grimm: „Deutsche Rechtsalterthümer"[4]. II. 1899. S. 319ff.

[3]) In späterer Zeit: „Schlüsselgewalt" der Frau.

fortvererbt. Diese gemeinsam wirtschaftende **Großfamilie** ist bei verschiedenen indogermanischen Völkern, so bei den Römern, Kelten und Slawen bezeugt, wo sie z. T. noch heute besteht. Auch bei den Germanen ist sie ursprünglich verbreitet.

In der zusammenhausenden Großfamilie mußten die einzelnen Mitglieder der Familie in ihrem verwandtschaftlichen Verhältnisse genau unterschieden werden. So weit reichen denn auch die gemeingermanischen Verwandtschaftsbezeichnungen: Vater, Mutter, Bruder, Schwester, Sohn, Tochter, Schwiegertochter (Schnur), die in die Familie eingetreten war; während unter diesen Verhältnissen eine Bezeichnung für den Schwiegersohn fehlte, sind Namen für Schwiegervater (Schwäher) und Schwiegermutter (Schwieger) der Frau vorhanden. Die Ehegatten aber haben sich wohl damals, wie im allgemeinen auch heute, nicht mit Verwandtschaftsnamen benannt. In Ahn und Ahne sind noch heute die gemeingermanischen Bezeichnungen für die Großeltern erhalten.

Besonders lange ist bei den Nordgermanen die gemeinsam wohnende Großfamilie lebendig geblieben, selbst bis in unsere Tage. Im Tydal, einem Bezirk von Drontheim, umfaßte bis vor kurzem das einzelne Gehöft einen Hausstand von 20—30 Personen, die „aus demselben Sack aßen und aus demselben Bach tranken": eine Schar von erwachsenen, verheirateten Geschwistern mit ihren Kindern und einem Großvater in der Ofenecke, der die Oberleitung bei der Bewirtschaftung des Gehöftes hatte und über den gemeinsamen Geldbeutel verfügte[1]).

Die nordischen Gehöfte aus frühgeschichtlicher Zeit, die sich besonders auf Gotland erhalten haben (Abb. 21 u. 22)[2]), dürften gewiß Großfamilien aufgenommen haben. Meist bestehen sie aus mehreren langgestreckten Häusern, die auffallende Ähnlichkeit mit dem keltisch-irischen Clanhause, das einer gesamten Sippe (clan) als Wohnung dient[3]), in der Einteilung des Innenraumes aufweisen. Auch ist auf den nordischen Gehöften ein kleinerer Bau vertreten, das Bur, das vor allem Vorratshaus aber auch Aufenthaltsraum der Mädchen und der Jungverheirateten war; daher Bezeichnungen wie jungfrubur oder brutbur. Die Bestimmung dieses Vorratshauses als Aufenthalt der Jungvermählten ist aus der Hauskommunion der Großfamilie leicht erklärlich, so erfüllt das entsprechende Gebäude des slawischen Gehöftes, die Klete, bei den in Hauskommunion lebenden Serben denselben Zweck[4]).

Bei den Germanen Deutschlands liegen indes bisher nicht sichere Anhaltspunkte für die Großfamilie vor[5]).

---

[1]) A. **Olrick**: Nordisches Geistesleben, 1908. S. 16.

[2]) **Schulz**: Das germanische Haus in der vorgeschichtlichen Zeit. Mannusbibl. Nr. 11. S. 6ff.

[3]) **Meitzen**: Siedelungs- und Agrarwesen I. S. 184ff.

[4]) Abbildung. **Schrader**: Reallexikon der indogermanischen Altertumskunde[3]. Taf. XXI, 5.

[5]) Vielleicht weist die mitteldeutsche Bezeichnung brutgadem und minnegadem in diese Richtung, da Gadem des deutschen Gehöftes dem nordischen Bur entspricht.

Die Einzelfamilie ist gewiß gleichfalls bereits urgermanisch, denn die Ernährung eines größeren Menschenkreises hatte bei den damaligen wirtschaftlichen Verhältnissen doch vielfach Schwierigkeiten. So zogen denn die unternehmungslustigen Söhne davon, schlossen sich einem wohlhabendem Manne an, in dessen Hausgemeinschaft sie als Gefolgsleute eintraten, oder gingen in die Fremde, um auf erobertem Boden leichter eine eigene Hausgemeinschaft zu gründen. Aus der Wirtschaft der Einzelfamilie ist auch der Hagestolz hervorgegangen, dem ein so kleines Besitztum abgetrennt war, daß er eine Frau nicht ernähren konnte.

Fremde. Nur in dem größeren Gehöfte kamen zu den Familienangehörigen, die gewiß in der Regel allein schon für die Arbeit im Hause und im Felde ausreichten, noch das fremde Gesinde: Knechte und Mägde, unfrei, Eigentum des Hausherrn, im Kampfe erbeutet oder gekauft. Wir hören von vornehmen Römern, die als Gefangene der Varusschlacht nun Hausdiener bei den Germanen waren. Besonders zunehmender Feldbau

Abb. 22. Grundplan des Gehöftes Abb. 21.
Nach W. Schulz: Das germanische Haus. Mannusbibl. Nr. 11.

und größerer Landbesitz, der nach Tacitus G. 26 den vornehmen Familien offenbar wegen ihres größeren Hausstands zugeteilt wurde, bedingten vermehrte Arbeitskräfte. Bemerkungen bei Tacitus (G. 20 u. 25) geben uns ein Bild von der patriarchalichen altgermanischen Hausgemeinschaft: die Hintersassen, die Abgaben zu entrichten hatten, waren zwar unfrei, doch war ihr Los in der Regel nicht schlecht, sie wohnten in eigener Köte mit ihrer Familie, ihre Kinder wuchsen mit denen ihres Herrn zusammen auf.

Weiter lebten in dem Hause manches vornehmen und kriegserfahrenen Herrn eine Schar Gefolgsleute, Söhne von Vornehmen und anderen Freien, die auf diese Weise ein ihnen zusagendes Unterkommen fanden; denn der Herr sorgte für Unterkunft und Beköstigung. Sie unternahmen unter ihren Herren, denen sie für Zeit auf Leben und Tod verbunden waren[1]), Kriegs-

[1]) Als Begräbnis eines Herrn mit seinen Gefolgsleuten sind Funde auf dem Urnenfelde von Körchow, Mecklenburg der Zeit um Christi Geburt gedeutet worden. Wiederholt standen in der Nähe oder sogar unter einer reicher ausgestatteten Kriegerurne Urnen mit Waffen. Vgl. Beltz: Jahrb. d. Ver. f. Mecklenburg. Gesch. 25. 1920/21. S. 6.

und Beutefahrten, die ihrem Herren vermehrtes Ansehen, der Gefolgschaft Lebensunterhalt einbrachten. Diese ganz auf Kampf eingestellte Organisation mußte notwendig kriegerische Unternehmen suchen, in ruhigen Zeiten ihrer Heimat auch als Hilfsschar für Nachbarvölkerschaften. Tacitus hat das germanische Gefolgschaftswesen G. 13—14 eingehender behandelt, auch schon Cäsar deutet diese Verhältnisse an (bell. Gall. VI, 23). Ihre Verbreitung bei allen germanischen Völkern, die urgermanischen Bezeichnungen für Gefolgsherr *druhtina und Gefolgsschar *druhti sagen uns, daß wir hier eine vorgeschichtliche Einrichtung haben, die recht dem germanischen Wesen entsprach, aber auch anderwärts kriegerischen Völkern eigentümlich ist. So wurde offenbar in der Vorzeit bequem die Unterhaltsfrage des Nachwuchses gelöst; die Beutezüge dieser Scharen mögen auch die Auswanderungen in Neuland vorbereitet haben[1]).

---

[1]) Daß den Auswanderungen Beutezüge vorangingen, ist in frühgeschichtlicher Zeit überall festzustellen, und auch für vorgeschichtliche Zeiten nach bestimmten Beobachtungen anzunehmen.

Abb. 23. Steinkistengrab der frühen Eisenzeit, Westpreußen.
Nach der vorgeschichtlichen Wandtafel für Westpreußen.

Der verwandtschaftliche Zusammenhalt.

Sippe. Über die Familie breitet sich der größere verwandtschaftliche Verband der väterlichen Sippe. Eine enge Beziehung bestand zwischen ihr und der Familie; wie diese zu einer Hausgemeinschaft zusammengeschlossen war, so war die Sippe vielfach, soweit sie nicht durch Wanderung auseinandergerissen wurde, und neue Verbände Unverwandter sich bildeten, eine Siedelungs- und Wirtschaftsgemeinschaft. Die Sippe siedelte beieinander, sei es enger geschlossen, sei es in Einzelhöfen verstreut[1]). Daß das zu bebauende Land ursprünglich aus der Hand der Sippe den einzelnen Familien zugeteilt wurde, geht aus den Nachrichten des Cäsar und des Tacitus hervor, nach jenem (bellum Gallicum IV, 22) wird es von der Obrigkeit der Sippe überwiesen, nach Tacitus G. 26 verteilt die Gemeinde, die ursprünglich zugleich die Sippe war, das Land, und zwar je nach Größe des Hausstandes, so daß den Vornehmen, die Gesinde und Gefolgschaft zu ernähren hatten, auch ein größeres Ackerstück zukam. Eine so genaue Begrenzung der Ackergröße spricht schon für eine fortgeschrittene Ausnutzung des Bodens bei den Völkerschaften, für die der Bericht des Tacitus gilt.

Die Sippe hatte ursprünglich ihr Wirtschaftsgebiet; hier wurde gejagt, hier weideten die Herden, aus ihm wurden Stücke zum Bodenbau herausgehoben. Der Wunsch des einzelnen, Grundbesitz zu erwerben, konnte unter den damaligen wirtschaftlichen Verhältnissen gar nicht lebendig sein, doch bei Einzelsiedlung der Familie bildete sich Familienbesitz an Land von selbst heraus. Der Sippensiedelung trat besonders im Neuland der Dorfverband gegenüber, der Teile verschiedener Sippen zusammenschloß; es wird schon in frühesten vorgeschichtlichen Zeiten der Fall gewesen sein, daß Gemeinde und Sippe nicht überall sich deckten. Wenn aber noch zur frühgeschichtlichen

---

[1]) Sippensiedelungen haben sich in Ditmarschen bis in das 14. Jahrhundert gehalten. In altgermanischer Zeit scheint die Siedelung nicht nach Sippe oder Familie benannt worden zu sein, sondern nach der Örtlichkeit. Erst im frühen Mittelalter kommen bei herrschaftlichen oder genossenschaftlichen Gründungen die Benennungen nach Personen auf. Vgl. Kluge: Sippennamen und Sippensiedelungen. Vierteljahrsschr. f. Sozial- u. Wirtschaftsgesch. 1908. S. 73ff.

Zeit (nach Tacitus G. 7) die Familien und Sippen Abteilungen des Heeres bildeten, so ist doch für eine derartige Heeresorganisation ein Zusammenhang in der Siedelung Voraussetzung. Uralt, bereits indogermermanisch ist diese Heeresgliederung. Die Sippe kämpft geschlossen, denn sie ist zugleich Schutzverband; das Wirtschaftsgebiet wurde gegen fremde Einfälle geschützt. Auch das Leben der einzelnen war im Schoße seiner Sippe gesichert, wurde ein Mitglied getötet, so war Rache die Pflicht, deren Übernahme genau festgelegt war. Diese uralte, schon vorgermanische Selbsthilfe der Blutrache aus einer Zeit, in der keine Obrigkeit Recht sprach, führte häufig zu Sippenfehden; sie konnte allerdings durch ein Wergeld, das wiederum nicht der Geschädigte, sondern die Sippe empfing, abgelöst werden. Auch diese Einrichtung ist bereits älter als das germanische Volk, ein selbstgeschaffener Schutz gegen Volksvernichtung. Selbst als öffentliche Rechtspflege sich durchsetzte, hatte vor dem Gericht der einzelne in seiner Verwandtschaft Eideshelfer, die für ihn eintraten, und zwar um so wirksamer, je zahlreicher sie waren. Hatte sich aber ein Mitglied von einer Sippe losgesagt, oder stand diese nicht mehr für ihn ein, so war er schutzlos, kein Helfer trat ihm zur Seite, kein Rächer erstand ihm.

Es ist anzunehmen, daß die Familienväter als Sippenälteste einen Rat bildeten, oder daß der Sippe der Sippenälteste vorstand, trotzdem diese Einrichtung bei den Germanen nicht mehr ganz deutlich ist. In westgermanischen Bezeichnungen des Richters als Altermann aber mag sich noch die urtümliche Bedeutung der älteren Leute erhalten haben[1]).

Geschlecht. Wie der Einzelne mit seinen Gesippen, so ist er auch in dem Geschlecht mit seinen väterlichen Ahnen verbunden. Trotzdem schriftliche Aufzeichnungen fehlten, waren doch die Ahnen bekannt, vor allem bei den Vornehmen, die auf Ahnenkenntnis besonders Wert legten. „Adel" ist eine altgermanische Bezeichnung für das vornehme Geschlecht[2]), dasselbe gilt für ein anderes gemeingermanisches Wort *kunja, von dem „König" abgeleitet ist, das den Abkömmling eines Geschlechtes bedeutet. Wie in der Völkerwanderungszeit die Stammreihen der Könige bis zu den Göttern zurückgeführt wurden, so gewiß schon in vorgeschichtlichen Zeiten; ja die Bezeichnung der Götter als Asen geht auf Ahnenpflege zurück, denn der Name bedeutet „Seele", und dazu stimmt auch die Angabe des Jordanes, daß anses ursprünglich die göttlich verehrten Ahnen der Fürsten waren. Doch nicht nur die Namen, sondern auch die Taten der Vorfahren gingen von

---

[1]) Bei den Slawen die Sippenvorsteher „Starosten" = die Älteren. — Vgl. auch Thurnwald: Politische Gebilde bei den Naturvölkern. Zeitschr. f. vergleich. Rechtswissenschaft. 36. 1920. S. 376ff. (Gerontokratie).

[2]) Nach Neckel: Adel und Gefolgschaft (in Paul und Braunes Beiträgen zur Geschichte der deutschen Sprache und Literatur. 41. S. 385f.) ist die älteste Bedeutung von ‚Adel' Erbgut. — Schon zur Zeit des Tacitus hatte Adel die Bedeutung des vornehmen Geschlechts, da die nobiles des Tacitus gewiß den adalingi der späteren Sachsen entsprechen. Es ist das die allgemein verbreitete Annahme, gegen die sich allerdings Neckel wendet, denn er sieht nicht nur in den nobiles, sondern auch den ingenui — die man gewöhnlich als die Freien (altsächs. frilingi) übersetzt — die Adeligen.

Mund zu Mund, sie sicherten den Nachkommen Ehren, wie Tacitus G. 13 zu entnehmen ist. Wie in der Völkerwanderungszeit wurden sie wohl auch in der Vorzeit im Liede gefeiert, so blieben des Arminius Taten lebendig, allerdings hier nicht im Geschlecht, das bald unterging, sondern im Munde des Volkes. Aus der Vorzeit ragt die im stabreimenden Liede vorgetragene Stammsage der Germanen in die geschichtliche Zeit hinein (vgl. Anhang 1), ein Beweis dafür, daß damals schon der Vers für Ahnenbericht angewandt wurde. Aus weiter zurückliegenden Zeiten kann uns davon nichts mehr erhalten sein, vielleicht war aber doch auch ein Teil der bronzezeitlichen Felsenzeichnungen Skandinaviens Aufzeichnungen historischen Geschehnisses.

Ein Kennzeichen des Geschlechts war der Geschlechtsname (auf ing), der dem Personennamen beigefügt wurde; so gibt der Verfertiger des goldenen Horns von Gallehus bei Tondern, das aus dem Beginn des 5. nachchristlichen Jahrhunderts stammt, seinen Namen in Runenschrift an: Hleivagastir Holtingar. Im Namen war mitunter auch eine äußere Kennzeichnung des Geschlechtes zum Ausdruck gebracht: das wandalische Königsgeschlecht der Hasdingi (zu got. *hazds Frauenhaar) war wohl durch besonders schönes Haar ausgezeichnet. Bei manchen Geschlechtern kehrten bestimmte Namenbildungen immer wieder, in ältester geschichtlicher Zeit z. B. bei dem Fürstengeschlechte der Cherusker Segi-namen (siehe Anhang Nr. 2).

Ob die vornehmen Geschlechter schon in vorgeschichtlicher Zeit bestimmte äußere Kennzeichen sich beigelegt hatten, die späteren Wappen vergleichbar sind, entzieht sich unserer Kenntnis; wir wissen nicht, ob frühmittelalterliche Geschlechter, die der Sage nach von einem Tiere sich herleiten, dieses als Kennzeichen führten[1]). Färbung der Schilde ist in frühgeschichtlicher Zeit aus Überlieferung und Funden bekannt; als Völkerschaftsabzeichen ist sie gesichert (Harier trugen schwarze Schilde, Cimbern weiße), doch ob daneben auch Sippen sich durch Bemalung unterschieden, ist ungewiß[2]). Marken und Runen tragen die Holzschäfte der Speere des Moorfundes aus dem 4. Jahrhundert nach Chr. von Nydam in Schleswig (Abb. 24)[3]); sie erinnern an Eigentumsmarken und werden als solche zu deuten sein, die dann auch Erbmarken sein könnten; leider ist derartiges Material nur ausnahmsweise erhalten geblieben.

Es ist hier der Ort noch die Frage aufzuwerfen, ob bei den Germanen totemistische Anschauungen anzutreffen sind. Denn auch der Totemismus ist mit der Geschlechtspflege eng verbunden. Er wurzelt in dem Glauben an einen Zusammenhang zwischen einer Menschengruppe und einem Tier, einer Pflanze, selbst einem Gegenstande (dem Totem, nach einer in der Völkerkunde üblichen Bezeichnung). Die durch ein gemeinsames Totem verbundenen

---

[1]) Mit Tierfiguren geschmückte Helme sind aus frühgeschichtlicher Zeit bezeugt. Besonders der Eber erscheint nach Funden frühgeschichtlicher und späterer Zeit als Helmzier. Vielleicht sind die verschiedenen Tiere eher Völkerschaftsabzeichen.

[2]) Funde: vgl. Jahn, Die Bewaffnung der Germanen. Mannusbibl. Nr. 16. S. 206, 218: rote Bemalung Thorsberg (Schleswig) und Bornholm, blaue Gotland.

[3]) Vgl. Engelhardt: Nydam Moosefund. Kopenhagen. 1865. Taf. XIII.

Menschen werden wohl meist als stammverwandt angesehen. Man hat auch bei den Germanen Spuren von Totemismus nachweisen zu können geglaubt[1]). Dabei ist auf den Glauben der Herkunft des Menschen aus einem Baum, besonders einer Esche hingewiesen, ferner auf Zusammenhang von Völkerschaftsnamen mit Tiernamen (z. B. Cherusker, gedeutet als Hirschmänner), auf die Sagen von Tierabstammung von Helden und Fürsten, auf Heilighalten von

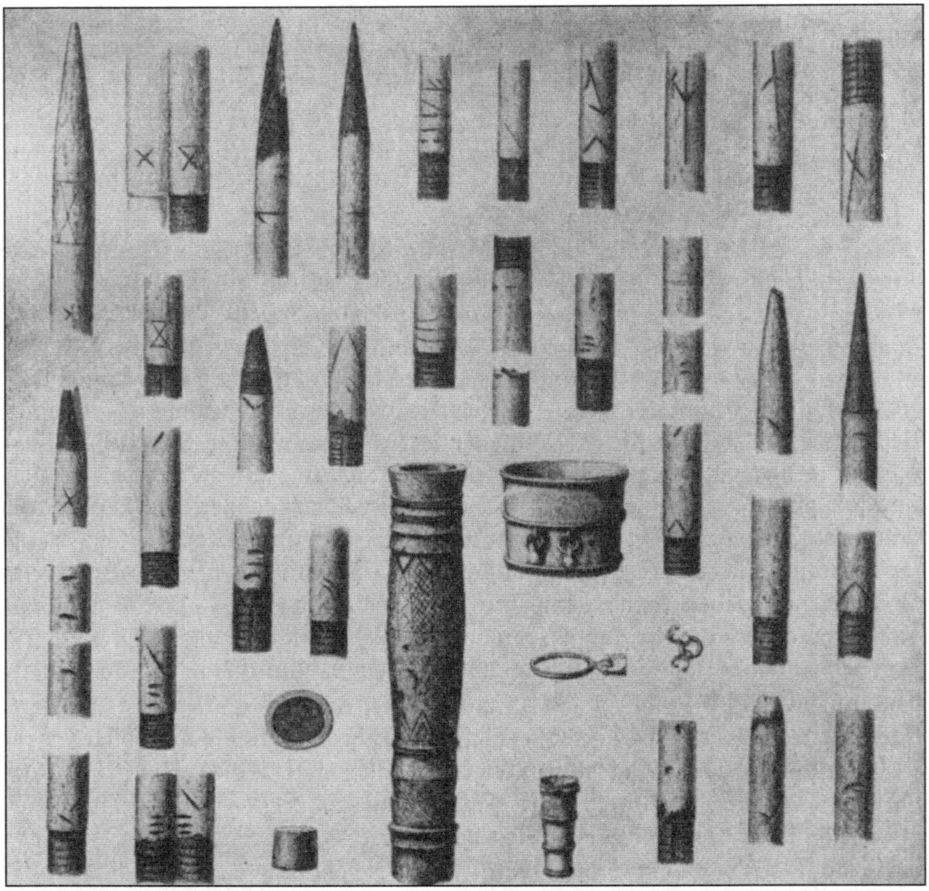

Abb. 24. Speerschäfte aus der Völkerwanderungszeit, Moorfund von Nydam, Schleswig. Nach Engelhard: Nydam Moosefund.

Tieren, auf Wappentiere und Tierstandarten. Jedoch sind hier, wie überhaupt in ganz Europa, die zusammengetragenen Zeugnisse des Totemismus sehr unsicher[2]).

[1]) Helm: Altgermanische Religionsgeschichte. S. 157ff. Maria Pancritius: „Europäischer Totemismus" Anthropos XII/XIII. 1917/18. S. 338ff.

[2]) Auch für andere europäische Völker ist noch nicht der Nachweis erbracht, weder auf Grund der historischen Nachrichten noch durch die Archäologie, die auf Tierbestattungen in der Vorzeit hinweist.

Gemeinsamer Abstammung rühmten sich nicht nur einzelne Geschlechter, sondern auch nach Tacitus G. 2 einzelne Völkerstämme und Stammesverbände, die einen größeren Teil der Germanen umfaßten, gewiß in einem künstlich geschaffenen Stammbaum (Anhang 1). In einer Zeit regen Zusammengehörigkeitsgefühls ist diese Sage in Liedform wohl von priesterlicher Seite schon in vorgeschichtlicher Zeit aufgestellt, bestimmt, um den Zusammenhang bei gemeinsamen Kultfeiern besonders lebendig zu erhalten. Aus den Worten des Tacitus klingt aber deutlich der Widerstreit verschiedener Überlieferungen. Die Cherusker mögen eine Stammessage von einer Hirschabkunft gehabt haben[1]). Ob und wieweit indes Völkerstämme, deren Namen wir aus frühgeschichtlicher Zeit kennen, tatsächlich aus Sippenverbänden hervorgegangen sind, bleibt ungewiß. Die nordischen Swionen, die „Verschwägerten", könnten eine Heiratsgemeinschaft ursprünglich wenigstens gewesen sein.

Totenpflege. Das Zusammengehörigkeitsgefühl mit den Vorfahren äußert sich besonders in der Totenpflege, über die wir auch aus den vorgeschichtlichen Zeiten durch die Bodenfunde erfreulichen Aufschluß erhalten[2]).

Die Vorfahren der Germanen haben einerseits ihre Toten in den geräumigen Steinkammern beigesetzt, die ganzen Sippschaften als Totenwohnung dienten[3]), andererseits enthalten Hügel, die Einzelgräber Jütlands, nur eine Bestattung, dazwischen stehen Dolmen und kleinere Kammern, weiter Steinkisten, die nur ein oder wenige Skelette bergen. Überall aber ist die große Sorgfalt zu erkennen, die man den Toten gegenüber beobachtete. Die Grabkammern blieben zugänglich, nicht nur für die nachfolgenden Beisetzungen, sondern auch für Totenopfer, Brandopfer, deren Spuren man noch in den Gräbern nachweisen kann; denn hier wohnten die Toten. — Die Grabhügel mit einer oder einer kleineren Anzahl von Bestattungen sind bei den Germanen der Bronzezeit zunächst noch üblich, einzelne Familienmitglieder ruhen beisammen, Mann und Frau, Frau und Kind[4]); auch folgen Diener dem toten Herrn, wie einzelne Funde erkennen lassen. Einsam liegen die Grabhügel oder zu Totenstätten vereint, die mitunter die Straßenzüge begleiteten (Abb. 26). Ob nun die Toten mit ihren Waffen oder ihrem Schmuck — Gegenstände, die als persönliches Eigentum den Toten verblieben — beerdigt wurden, oder ob vorher der Körper dem Scheiterhaufen übergeben wurde, hat zunächst auf die Sorgfalt und die Großartigkeit des Begräbnisses keinen Einfluß. Doch im Laufe der Bronzezeit ist offenbar eine andere Vorstellung von Südosten her weit in das Germanengebiet eingedrungen: die Toten wohnen nicht in den

[1]) Auffallend ist in diesem Zusammenhange die in verschiedenen Sagen von Siegfried noch durchschimmernde Hirschabkunft dieses Helden, zumal da im Mittelalter die Taten des Siegfried im östlichen Westfalen lokalisiert wurden.

[2]) Wichtig die Untersuchungen von Lienau: Mannus V, 1913. S. 195ff. und XI/XII, 1919/20. S. 1ff.

[3]) In einem Steinkammergrabe von Rimbeck-Hardehausen, Kr. Warburg, Westfalen waren über 100 Tote, Männer, Frauen und Kinder, bestattet.

[4]) Auch Bestattungen aus verschiedenen Zeiten sind in Grabhügeln häufig beobachtet, da solche Hügel immer wieder als Bestattungsplatz angelockt haben.

Hügeln, sondern die Seelen gehen in ein fernes Totenreich ein. Die allgemein werdende Sitte der Leichenverbrennung war dieser Vorstellung günstig;

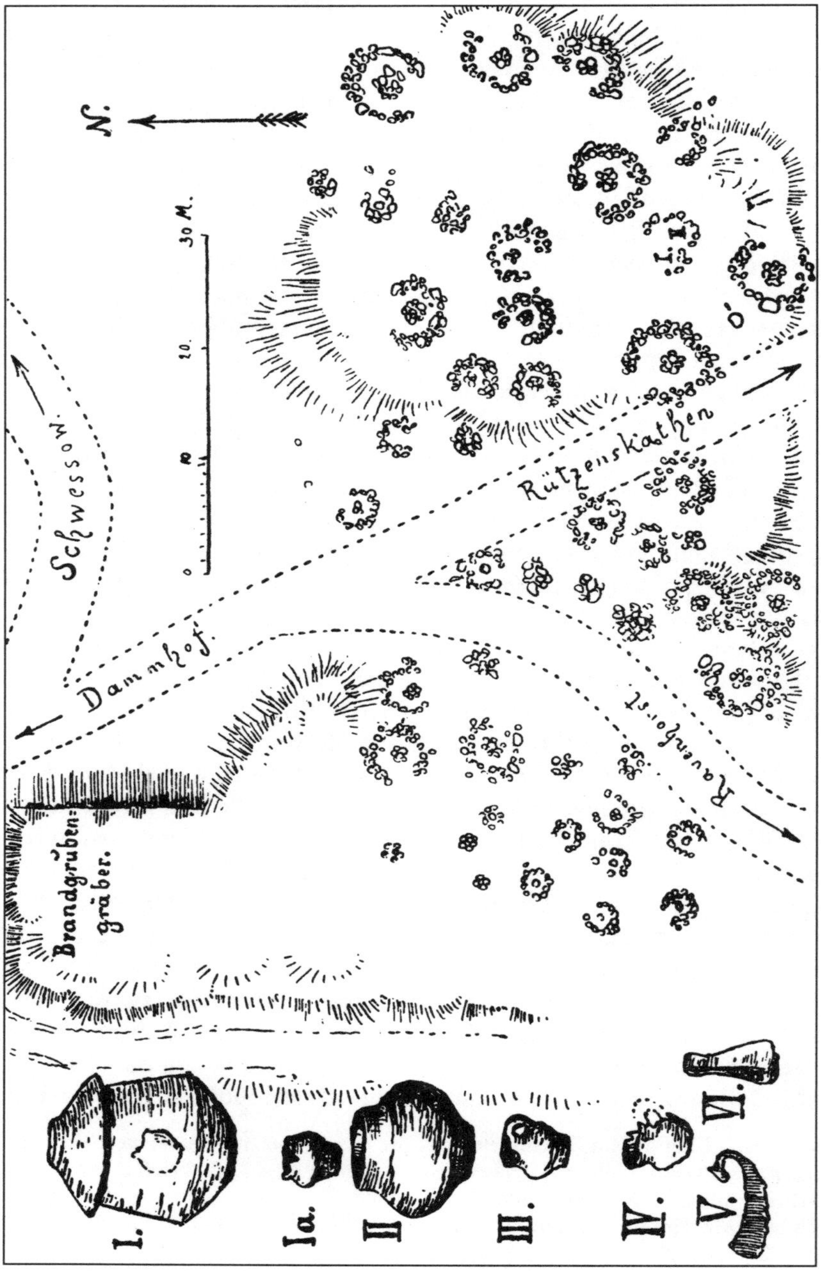

Gräberfeld von Dammhof, Kreis: Cammin i/Pom.

Abb. 25. Gräberfeld der Bronzezeit; Pommern. In der Mitte einer jeden Ringpackung bis 25 Tongefäße. Nach E. Walter, Mannus, Zeitschrift für Vorgeschichte III.

damit aber nimmt auch die Sorgfalt in der Totenbestattung ab: an Stelle der gewaltigen Grabhügel treten kleine Hügelchen, oder auf natürlichen Erhebungen und im flachen Boden sind die wenig Platz erfordernden Ton=

gefäße, die den Leichenbrand enthalten, in großer Anzahl beigesetzt (Urnenfriedhöfe); diese Gefäße sind mitunter eigens für den Totengebrauch hergestellt, so die Gesichts- und die Hausurnen. Vielleicht wurden damals, wie es noch heute slawische Sitte ist, zu bestimmten Totenfeiern die unsichtbaren Schatten der Ahnen aus ihrem Bereiche in die Wohnung der Lebenden zum Mitschmaußen eingeladen.

Auch in der Zeit der Urnengräber sind wohl Familien im Tode vereint geblieben; so dürfen Steinsetzungen oder Steinkisten, die eine Anzahl von Bestattungen enthalten, als Familiengräber aufgefaßt werden (Abb. 23 u. 25). Besonders treten hier die Steinkistengräber des Weichsellandes in der frühen Eisenzeit hervor, die eine kleinere oder größere Anzahl Leichenbrandurnen — bis zu 30 Stück — bergen, von denen einige mit Gesichtsdarstellung und Schmuck oder Waffen als Männer oder Frauen, wohl die Abbilder der Beigesetzten, charakterisiert sind (Abb. 23). Man möchte in diesen Urnen die Behälter hervorragender Familienmitglieder erkennen, doch auffallend ist, daß die Größe der Steinkisten der Zahl der Urnen angepaßt ist. Will man nicht annehmen, daß hier etwa gleichzeitig Gestorbene bestattet sind — in diesem Falle wären die Urnenlager allerdings kaum Familiengräber —, so muß man schon vermuten, daß eine doppelte Bestattung der Toten vorliegt, über deren erste Behandlung wir nichts wissen. Es könnte etwa eine überirdische Aufbewahrung der Toten vielleicht bereits in den Leichenbrandbehältern in Betracht kommen, wofür ja die heutige Zeit Beispiele gibt; wir wissen es vorläufig nicht. Dann aber kommen bei einzelnen Germanenstämmen seit den letzten Jahrhunderten vor Chr. Bestattungssitten auf, die z. T. wieder an die der älteren Bronzezeit erinnern und wohl auch auf ähnlichen Jenseitsvorstellungen beruhen, so Beigaben, die in den vorhergehenden Jahrhunderten nicht üblich waren, wie Waffen oder reiches Trinkservice (dieses z. T. auch gerade wieder mit Waffenlosigkeit verbunden), bei Männern Spielsteine und Würfel, bei Frauen Spinngerät; neben die nun schon über 1000 Jahre herrschende Leichenverbrennung tritt wiederum Körperbeerdigung. Eine zunehmende Sorge um die Bedürfnisse des Toten glaubt man wahrzunehmen, die dann in den prächtigen Fürstengräbern der Völkerwanderungszeit und weiter in den nordischen Gräbern der Wikingerzeit ihren Höhepunkt erreicht. Diese erinnern nicht nur durch den Reichtum der Ausstattung, sondern z. T. auch äußerlich, von großen Hügeln überdeckt, an die altbronzezeitlichen Bestattungen. Die altgermanische Auffassung tritt wieder neben anderen Vorstellungen hervor, daß der Hügel der Wohnsitz des Toten ist; die nordische Überlieferung kennt den Geschlechtshügel in den der Germane zu seinen Vätern eingeht. In der unterirdischen Halle wird der Sohn vom Vater erwartet und festlich empfangen. Auch dem Lebenden ist es mitunter vergönnt, hier mit den Abgeschiedenen in Verbindung zu treten. Daneben aber steht noch eine andere Vorstellung, daß der Ahne im Nachkommen wiederkehrt. Bei den Nordgermanen ist sie bezeugt, dasselbe aber besagt auch unsere Bezeichnung Enkel, die eigentlich das Großväterchen bedeutet. Auf die Namengebung hat diese Vorstellung eingewirkt, der Name hatte einst eine weit tiefere Bedeutung als im allgemeinen bei uns heutzutage: Name war zugleich Wesen. Der Enkel wurde nach dem Großvater benannt. In der Vorstellung von dem Fortleben der Vorfahren in den Nachkommen wird auch ursprünglich das Forterben von Namen und Namenbestandteilen im Geschlechte begründet sein; da bereits die älteste Überlieferung diese Sitte kennt (Anhang 2), würde somit auch der Glaube der Wiederkehr der Ahnen altgermanisch sein.

Abb. 26. Grabhügel der Bronzezeit; Jütland.
Nach S. Müller: Nordische Altertumskunde.

Anhang.

1. Stammsage der Germanen.

(Tacitus G. 2.)

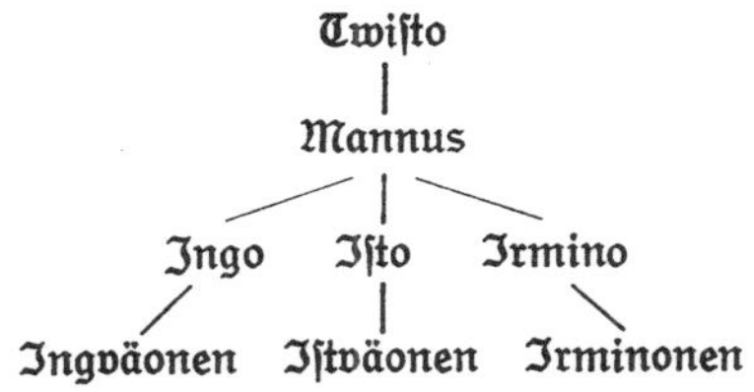

Twisto = der Zweigeschlechtige (Zwitter) oder (nach O. Schrader) Tiwisco, der Sohn des *Tiwaz. Mannus = der Mann, Mensch. Ingo, Isto, Irmino hergeleitet von den Verbandsnamen der Ingväonen (wohl Verehrer des Ing (= Freyr)), Istwäonen (wohl die „Stammechten") und Irminonen (zu ahd. irmin groß, erhaben, oder Verehrer des Irmingottes = des „allwaltenden Gottes" (Tacitus, G. 39)).

2. Fürstengeschlechter der Cherusker und ihre Verschwägerungen zu Beginn unserer Zeitrechnung.

(Nach Ludwig Schmidt: Allgemeine Geschichte der germanischen Stämme 2, S. 108).

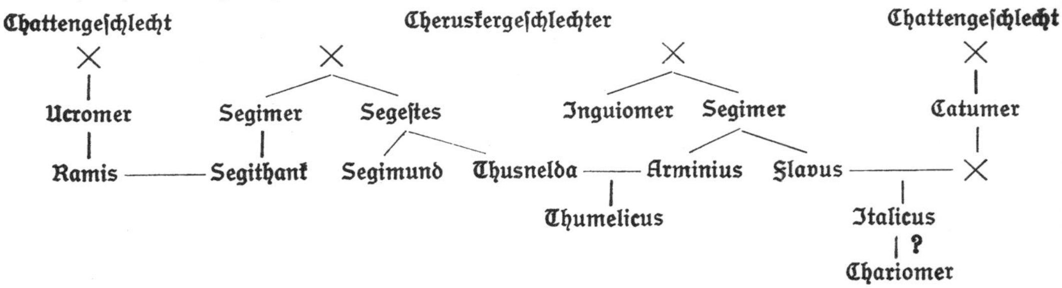

Der Name des Flavus und des Italikus ist römisch, der des Arminius noch nicht geklärt. Die übrigen Namen sind einheimisch, meist aus zwei Bestandteilen gebildet. Die Wiederkehr derselben Namenbestandteile in einem Geschlecht zeigt die Verwandtschaft des Segimer; auch der Name des Thumelicus scheint nach dem seiner Mutter Thusnelda gebildet zu sein.

Namendeutung vgl. G. Werle: Die ältesten germanischen Personennamen. 1910.

Teil 2

Staat und Gesellschaft in germanischer Zeit

Abb. 1. Bündnisschluß zwischen Germanen, 2. Jahrh. nach Chr. Mark-Aurel-Säule in Rom. Aus Petersen, Domaszewski, Calderini, Die Markussäule auf Piazza Colonna in Rom.

Einleitung.

Der Name Germanen für das große Volk, das zur Zeit der ältesten geschichtlichen Überlieferungen an den Gestaden der Nordsee und der Ostsee, über Rhein und über Weichsel hinaus, von Skandinavien bis zu den Alpen und den Karpathen in eine Menge von Völkerschaften geteilt sich ausbreitete, ist nicht volkstümlich gewesen. Aus einer im einzelnen verschieden deutbaren Angabe des Tacitus G. 2 ist zu entnehmen, daß der Name ursprünglich für die Völkerschaft der Tungrer westlich vom Rhein gebraucht wurde, die zuerst mit den Kelten in Berührung kamen. Ob die Germanen eine gemeinsame Bezeichnung für ihr Volkstum besaßen, wissen wir nicht; die Angehörigen des Volks mögen wohl die „Männer" gewesen sein, von dem ersten Manne, dem Sohne des erdgeborenen Gottes Twisto, leiten sie doch ihre Herkunft ab (G. 2). Auch die urgermanische erschlossene Bezeichnung *þeudô Volk (z. B. gotisch þiuda, althochdeutsch diota; Völkerschaftsname Teutonen) wurde wohl für das eigene Volkstum gebraucht.

Ein Gemeinschaftsgefühl ist den Germanen eigen gewesen, in vorgeschichtlichen Zeiten müssen sie in ständigem Zusammenhange gestanden haben; das erweist die germanische Spracheinheit, die erst in geschichtlicher

Zeit in die verschiedenen germanischen Sprachen zerfällt, das erweist die Kulturgemeinschaft, wie wir sie aus den vorgeschichtlichen Funden feststellen, darauf deutet auch die bei Tacitus überlieferte Stammsage. Diese vorgeschichtliche Gemeinschaft kann keine Staatsgemeinschaft gewesen sein, ihre Erklärung soll unten versucht werden.

Auch bei der Ausbreitung der Germanen lassen sich einige Beobachtungen machen, die auf ein Gemeinschaftsgefühl hinweisen könnten. Seit der Mitte des vorletzten Jahrhunderts ging eine stärkere Bewegung durch die Germanen, von der die ältesten geschichtlichen Nachrichten zu erzählen wissen (Kimbern- und Teutonenzüge) und die auch in den Bodenfunden sich kennzeichnet. Von fern her drangen aus dem „Mutterschoß" des germanischen Volkes Neuland suchende Massen hervor. Diese Wanderungen pflegten über das Germanengebiet hinauszugehen, Überlagerung von Germanen lassen sich weniger feststellen [1]). Allerdings kann diese Erscheinung aus dem gleichartigen Kampfmut aller Germanen erklärt werden, es mochte wohl nicht ratsam sein, einem eingesessenen Volke den Besitz streitig zu machen. Es hat indes auch nicht an Kämpfen gefehlt, Zurückdrängen und Vorschieben von Völkerschaften ist aus den Bodenfunden zu erkennen und wird durch geschichtliche Nachrichten bestätigt. Eine Unterwerfung galt für unwürdig. Tributpflicht nahmen nur Fremde auf sich; so können nach Tacitus G. 43 die Osen und Kotiner in den Karpathen keine Germanen gewesen sein, da sie den germanischen Quaden Tribut entrichteten. Die stark verweichlichten und keltisierten Ubier waren den echt germanischen Sweben, die am liebsten den Stamm vertrieben hätten, zinspflichtig (Caesar, b. G. IV, 3).

In den Kämpfen mit den Kelten lernte man fremdes Volkstum und fremde Art kennen, den Kelten fühlte man sich überlegen, man nannte sich ihnen gegenüber die „Stammechten" (die Istväonen am Rhein). Wenn es zu einem Keltenzug ging, schlossen sich Teile verschiedenster germanischer Stämme an, so dem in Gallien kämpfenden Swebenfürst Ariovist. Der Kampf gegen die Römer hat gleichfalls das Gemeinschaftsbewußtsein gestärkt, das in dem Cherusker Arminius einen energischen Verfechter fand. Er ist zwar an der Eifersucht des Markomannenkönigs Marbod gescheitert, doch galt er als Volksheld, seine Taten wurden noch lange nach seinem Tode bei den germanischen Völkerschaften verherrlicht.

Für ein Blutsbewußtsein spricht schließlich auch, daß den Peukinern von ihren germanischen Nachbarn der Name Bastarnen, wohl „Bastarde", beigelegt wurde, da sie sich von sarmatischer Blutsmischung nicht freigehalten hatten [2]).

---

[1]) Wenn für eine Völkerschaft verschiedene Namen auftreten, ältere und jüngere (z. B. Winniler = Langobarden), so können diese auf Überschichtung hindeuten; doch auch gemeinsame Wanderung verschiedener Volksteile, von den Nachbarn gegebene Sondernamen (Spitznamen) und andere Gründe haben zur Überlieferung von Doppelnamen geführt.

[2]) Doch trotzdem hatte sich unter den Bastarnen nach den römischen Darstellungen noch edles Volkstum erhalten (Abb. 10).

Kriegsbündnisse zwischen den verschiedenen germanischen Völkerschaften dagegen waren nach geschichtlichen Zeugnissen nur flüchtig und wechselnd.

Ein haltbares Band dagegen bildete die Vereinigung im Kulte. Von Tacitus erfahren wir über verschiedene derartige Kultverbände. So kamen nach G. 39 Abgesandte aller swebischen Stämme im Lande der Semnonen zusammen, wo sie dem allwaltenden Gotte opferten, denn dort seien die Anfänge und der Ursprung des Stammes. Die Kulturgemeinschaft der Sweben oder „Elbgermanen", die wir in frühgeschichtlicher Zeit aus den Bodenfunden in Bestattungssitten, Formen der Schmuckstücke, Form und Verzierung der Tongefäße erschließen — wobei die schönsten dieser charakteristischen elbländischen Mäanderurnen gerade im Lande der Semnonen im Havelgebiet vertreten sind —, wird in der erwähnten Kultzusammenkunft begründet sein, denn die gemeinsamen Feste führten auch zum Austausch geistiger und materieller Güter. Ein anderer Verband vereinigte nach G. 40 Völkerschaften Jütlands und vielleicht auch der dänischen Inseln in der Verehrung der Nerthus, die zur Frühlingszeit ihren Umzug durch die Lande hielt, „dann gibt es frohe Tage und festlich geschmückte Stätten, welche die Göttin nur immer ihres Besuches und Aufenthaltes würdigt. Nicht gehen sie in den Krieg, nicht greifen sie zu den Waffen; verschlossen ruht alles Eisen: Friede und Ruhe sind nur dann ihnen bekannt, nur dann willkommen." Reudigner, Avionen, Angeln, Warnen, Eudosen, Swardonen, Nuithonen werden von Tacitus als die Völkerschaften dieses Verbands genannt; daß es gerade sieben sind, mag Bedeutung haben, ist doch diese Zahl auch in der mittelalterlichen Verfassung, besonders für die Markgenossenschaft, so bezeichnend.

Zu einem älteren Kultverband scheinen auch noch die „alten Lieder" zu führen, von denen Tacitus G. 2 spricht. Es wird in ihnen die Abstammung der Germanen von dem erdgeborenen Gott Twisto und seinem Sohne Mannus gefeiert, nach dessen Nachkommen die Germanen sich in Ingväonen, Herminonen, Istväonen gliederten. Dieses älteste Zeugnis stabreimender Poesie bei den Germanen dürfte von einem priesterlichen Dichter herrühren, der eine alte Sage, daß der erste Mann von der Erdgottheit Twisto abstamme, und wohl auch eine alte Dreiteilung der Germanen benutzte; die alliterierenden Namen aber werden vom Dichter passend ausgewählt sein. Ein altes Wort für „stammesecht", mit dem der Name der Istväonen zusammenhängt, wird wirklich gerade von den Rheingermanen gegenüber den Kelten gebraucht sein. Die Völkerschaften Jütlands, der dänischen Inseln und Skandinaviens waren Verehrer der Gottheit Ing, des Freyr, der auch die oben genannte Nerthus in Kult und Bedeutung nahe steht. Herminonen hängt mit irmin, umfassend, zusammen; später ist das Wort in Irmingott überliefert, man hat daher an einen Zusammenhang mit dem „allwaltenden Gott" der Sweben gedacht, doch bezeichnet der Name vielleicht auch den „umfassenden Verband". — Zur Zeit des Tacitus bemerken wir nun Einwendungen gegen die Dreiteilung nach der Stammsage. Tacitus fährt nach Schilderung der Sage fort: „manche dagegen behaupten, mehr Söhne des Gottes und mehr Stammnamen gebe es: Marser, Gambrivier, Sweben, Wandilier; und dies seien die echten und alten Namen." Da ist es gleich auffallend, daß bei dreien von diesen Völkern Tacitus an anderen Stellen bedeutende Kultstätten nennt, bei den Marsen das Heiligtum der Tamfana, bei den Semnonen das schon erwähnte des allwaltenden Gottes, bei den Wandalen das des Brüderpaares der Alki. Auch hier glaubt man wieder den Priester des Heiligtums zu hören, der seinem Volk höchstes Alter zuspricht. Ebenso nennt Plinius nat. hist. 4 99 außerhalb der drei Stammesgruppen die Wandilier, zu denen er die Burgundionen, Varinnen (Warnen), Charinen, Gutonen rechnet, ferner die Peukiner-Basternen; es sind das durchweg östliche Germanenstämme, von denen die Peukiner-Basternen eine alte, vielleicht schon bronzezeitliche Abzweigung der Westgermanen waren, während die übrigen erst kurz vor Beginn der schriftlichen Überlieferung aus dem Ostseegebiete eingewandert sind. Da wir nun gerade seit der Zeit kurz vor Christi Geburt ganz besonders die Herausbildung von Sonderkulturen bei Völkerschaften und Völkerschaftsgruppen feststellen können, von denen bereits die der Elbgermanen genannt und mit dem Kultverband der Sweben in Zusammenhang gebracht war — es kommen dazu Sondererscheinungen bei den außerhalb der Einheit genannten zugewanderten ostgermanischen Völkern, wie Brandgrubenbestattung der Burgunder, Körperbeerdigung bei gotischen Stämmen und vieles andere —, so möchte man die Einwände gegen die Stammsage mit dem Auflösen der gemeingermanischen Kultur, wie sie in vorgeschichtlichen Zeiten bestand, in Verbindung bringen. Denn trotz aller örtlichen Verschiedenheiten zeigte doch die germanische Kultur in vorgeschichtlichen Zeiten recht stark hervortretende gemeinsame Linien, Neuerungen fanden bald über das gesamte von Germanen bewohnte Land ihre Verbreitung; daher ist es ja auch möglich, für diese Zeiten ohne geschichtliche Überlieferungen die Ausbreitung des Germanentums meist eindeutig festzustellen. In der Bronzezeit haben gerade die feinsten Metallarbeiten, die gewiß aus wenigen hervorragenden Werkstätten im Kernland der Germanen, wie schon ihre Häufigkeit dort erweist, hervorgegangen sind, eine weite Verbreitung bis an die Grenzen des germanischen Siedelungsgebietes und nur in ganz vereinzelten Fällen darüber hinaus gefunden. Es sei an Goldarbeiten, wie Goldschalen und Armringe, ferner an die schwierig herzustellenden, in Bronze gegossenen Hängedosen erinnert [1]). Aber auch die gewöhnlichen Bronzegeräte zeigen eine so gleichartige Bildung und Fortentwicklung, daß ein ständiger Zusammenhang der Bronzegießer angenommen werden muß.

Da aber kein staatlicher Zusammenhang bestand, so kann wohl nur der Kult zusammengeführt und das Gemeinschaftsbewußtsein aufrecht erhalten haben. Wenn auch nicht *eine* zentrale Kultstätte angenommen werden muß, so mögen bedeutende Kultstätten von weither Festteilnehmer angezogen haben, mit den Festen waren Märkte verbunden, hier wurden Gegen-

[1]) Kostbare Stücke sind mitunter von Dorfgießern in plumper Weise ausgebessert.

stände gekauft und weithin in die Heimat geführt [1]), neue Errungenschaften bekannt und nachgeahmt. Daß auf Bronzegeräten auch für alltäglichen Gebrauch Symbole, Zeichen und Darstellungen religiösen Ursprungs als Orna=

Abb. 2 und 3. Grabplatten der älteren Bronzezeit von Kivik, Schonen.
(Aus Mannus, Zeitschrift für Vorgeschichte.)

---

[1]) Der im hohen Norden einsam bei Håga unweit Upsala bestattete Fürst (siehe S. 34) trug Goldschmuck, der aus Dänemark stammen dürfte.

mente auftreten, mag aus der Verbindung von Kultfest und Markt zu erklären sein. Wie in spätheidnischer Zeit das berühmte Opferfest von Alt-Upsala alle 9 Jahre stattfand, so mögen auch in der Vorzeit Feste in mehrjährigen Perioden gefeiert worden sein. Eine auf astronomischen Berechnungen beruhende vierjährige Periode war wie bei den Griechen, die alle vier Jahre sich zu den olympischen Spielen vereinten, auch in Nordeuropa in der Bronzezeit bekannt; es weisen darauf Beobachtungen an dem allerdings außerhalb des germanischen Kulturgebietes gelegenen „Sonnenheiligtum" Stonehenge bei Avebury in Südengland [1]), wo sich übrigens sogar eine als Rennbahn gedeutete Anlage vorfindet.

Bei Kivik in Schonen ist ein Steinkistengrab der älteren Bronzezeit aufgedeckt worden, dessen Wandsteine eigenartige Bilder zeigen, Zeichen, die als kultische Symbole oder als Abzeichen eines Priesters gelten können, dazu auf zwei Steinen Szenen (Abb. 2 und 3), die als Darstellung eines religiösen Festes gedeutet worden sind. Ihre Erwähnung mag hier Platz finden, da wir hierdurch eine lebendige Anschauung einer Kultfeier der älteren Bronzezeit erhalten.

Die eine Platte erzählt den ersten Teil der Feier: Menschen werden zur Opferung herangeführt, ein zweiräderiger Wagen deutet wohl auf ein Wagenrennen, man erinnere sich dabei der Rennbahn bei dem Sonnenheiligtum von Stonehenge; die zweite Reihe führt einen Hengstkampf vor, wie er noch im Mittelalter auf Island eine beliebte Belustigung auf Volksversammlungen war, vielleicht spielte dabei ursprünglich eine religiöse Vorstellung mit hinein; in der unteren Reihe folgen Männer in langem Gewande mit eigenartiger Kopfbedeckung einem Manne wohl mit Musikinstrument, es ist der Aufzug der Priester. Der andere Stein führt die heilige Handlung vor, zunächst eine nicht sicher deutbare Szene, die man als ein Feuerbohren erklärt hat, es folgen Männer mit Musikinstrumenten; die Priester haben sich um den Altar gruppiert; der Vollzug der Menschenopfer ist auf der unteren Reihe abgebildet.

---

[1]) Vgl. dazu: Stephan: Mannus 7, 1916, bes. S. 236, 237.

Abb. 4. Germanische Versammlung.
Freie Zeichnung nach der Darstellung der Mark-Aurel-Säule in Rom, 2. Jahrh. nach Chr.
Aus O. Jäger: Weltgeschichte. Bd. II. Geschichte des Mittelalters.

Staatliche Verhältnisse.

Völkerschaften.

Entstehung einer Völkerschaft. In der Sippe und ihren Einrichtungen [1]) liegen bereits die Anfänge zur staatlichen Bildung. Sie war eine Siedelungs- und Wirtschaftsgemeinschaft und ein Schutzverband. So möchte man annehmen, daß die Völkerschaft aus der Sippe hervorgegangen ist. Doch ein derartiger Staat, ein „Stammesstaat", wie er bei alten Slawen noch bezeugt ist, läßt sich bei Germanen nicht, vielleicht nicht mehr, nachweisen. Allerdings soll der Name der Cherusker, wohl „die Hirschabkömmlinge", gemeinsame Abstammung dieser Völkerschaft zum Ausdruck bringen, wenn der Name nicht etwa von dem Fürstengeschlechte entnommen ist (Geschlechter und Helden besitzen mitunter eine ähnliche Herkunftssage, so stammen die Merowinger von einem Meerungeheuer, Sigurd von einer Hinde [2])); der Name aber kann ebenso einem später empfundenen Gemeinschaftsgefühl entsprungen sein [3]).

---

[1]) Siehe der erste Teil dieser Arbeit: „Die germanische Familie in der Vorzeit." S. 28.

[2]) Über Tierzeugung: Marie Pancritius, Europäischer Totemismus. Anthropos 12/13, 1917/18.

[3]) Tiernamen als Völkerschaftsnamen sind öfters bei keltischen, italischen und slawischen Völkerschaften bezeugt. Siehe Kossinna, Indogermanische Forschungen 7, 1897, S. 304. — Wie der Name der Cherusker ist der der keltischen Taurisker (= Stiermänner) gebildet (R. Much).

Der Staat hat schon in der Familie und Sippe eine natürliche Grundlage; maßgebend aber ist auch für seine Bildung die Notwendigkeit des Zusammenschlusses von Menschen, die auf einander angewiesen sind. So soll im Zusammenschluß der Männer der Urstaat begründet sein.

Wie nun die germanische Kultur aus zwei uns faßbaren Wurzeln in der jüngeren Steinzeit erwachsen ist, wie auch die altgermanische Sprache doch wohl fremde Einwirkungen auf eine indogermanische Sprache zeigt, wie also das Volk aus einer Verbindung hervorgegangen ist, so mögen im staatlichen Zusammenschluß von Gruppen zu den sogenannten Völkerschaften auch nach Abstammung unverwandte sich zusammengefunden haben. Der gemeinsame Siedelungsraum, gemeinsame Bedürfnisse führten die aufeinander angewiesenen Familien und Sippschaften zusammen, soweit sie sich nicht gegenseitig als Fremde, d. h. nach den ursprünglichen Anschauungen als Feinde empfanden.

Auch durch Eroberungszüge wurde der Grund zu Staaten gelegt, die von Anfang an geschlossener erschienen. In der Verfassung prägt sich die verschiedene Herkunft der Staatswesen aus.

Wo die Völkerschaft aus dem Zusammenschluß von älteren Gemeinschaften hervorgegangen ist, sind die ursprünglichen Bestandteile noch kenntlich in ihren abgegrenzten Siedelungsbezirken, dann auch in Einrichtungen eigener Verwaltung. Diesen Bezirk pflegen wir als Gau zu bezeichnen, eine Benennung, die eigentlich nur „Aueland“ (an Flüssen liegt meist das freie, besiedelbare Land) bedeutet und bei der Unbestimmtheit der einzelnen Teile, aus denen sich das Gebiet der Völkerschaft zusammensetzt, passend ist. Ebensowenig wie für die Völkerschaft ist für den „Gau“, der in altgermanischer Zeit verschieden genannt wird (z. B. bei den Westgermanen bant, die Völkerschaft der Tubanten gliederte sich offenbar in zwei Gaue), eine urgermanische Bezeichnung festzustellen.

Völkerschaften in frühgeschichtlicher Zeit und nach den Bodenfunden. Aus der frühgeschichtlichen Zeit sind zahlreiche Namen germanischer Völkerschaften überliefert, auch liegen vielfach Angaben über die Lage der Wohnsitze vor. Größere Sicherheit über die Siedelungsgebiete erhalten wir, wenn wir die zur Besiedelung geeigneten Landstriche der damaligen Zeit feststellen. Zwischen ausgedehnten Waldungen, Sumpfland und Gebirgszügen liegen diese „Gaue“ als größere oder kleinere Flächen vielfach an den natürlichen Verkehrsadern der Flüsse (Karte 1). So engt sich der Siedelungsraum, der den einzelnen Völkerschaften zur Verfügung stand, bedeutend ein (Karte 2), das Unland bildete die Grenzstreifen zwischen den Völkerschaften; die Grenzbezeichnung „Mark“ bedeutet ursprünglich einen Wald überhaupt. Diese Marken waren der natürliche Schutz; je breiter, desto sicherer konnte sich das Volk fühlen. Auf die Bewehrung dieser Streifen wurde Wert gelegt; einen Wall errichteten die Angrivarier als Grenze gegen die Cherusker. In den freien Landschaften finden wir die noch heute erhaltenen Hinterlassenschaften der Völkerschaften, meist sind es ihre Gräber, mitunter

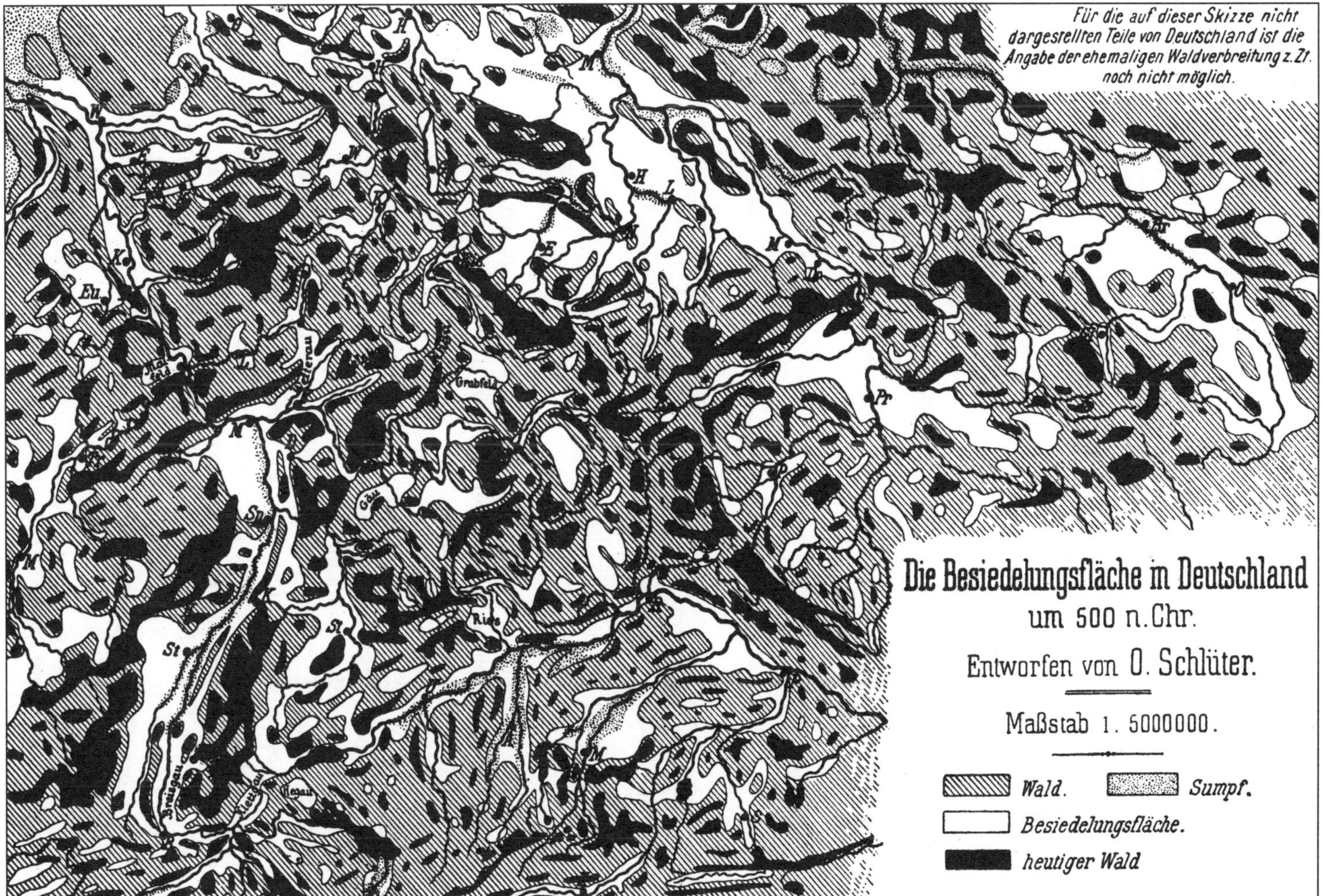

Karte. Aus Hoops, Reallexikon der germanischen Altertumskunde. Bd. 1. Schlüter, Deutsches Siedelungswesen.

auch die eine oder andere Siedelung. In Bestattungssitten, in den Erzeugnissen des Handwerks, z. B. der Töpferei, des Schmiedehandwerks, der Schmuckarbeiten, unterscheiden sich Völkerschaften oder Völkerschaftsgruppen zuweilen auch in engster Nachbarschaft recht augenfällig. Besonders gilt es für diejenigen, die aus entfernteren Gegenden eingewandert waren. Gesonderte Stammessitten sind ja auch bei Tacitus genannt, nur ist das Bild, das wir durch die Bodenfunde gewinnen, für bestimmte Seiten der Kultur ein viel genaueres [1]). Tacitus erwähnt z. B., daß für die Ostgermanen kurze Schwerter charakteristisch sind, aus den Funden wissen wir, daß damit die Hiebschwerter gemeint sind, die im letzten Jahrhundert vor Chr. gerade bei den Burgundern in Ostdeutschland gebräuchlich waren (Abb. 5). Stammessitten sind gewiß bewußt gepflegt worden, man war stolz auf das eigene, das vom Nachbar unterschied; die Anfänge der Volkstrachten sind vorhanden.

Das Gebiet, das von den Germanen um Christi Geburt bewohnt wurde, war zum Teil erst neu erworben. Die ältesten geschichtlichen Nachrichten wissen noch von der Südausbreitung zu berichten, ja wir haben geschichtliche

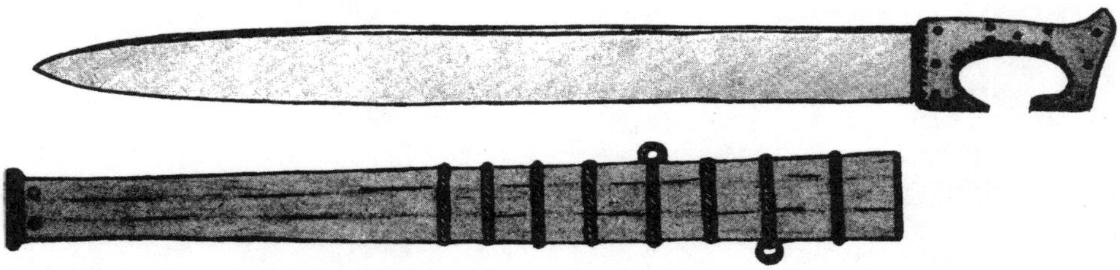

Abb. 5. Einschneidiges Schwert der späten Latènezeit, burgundischer Typus. $^1/_6$.
(Aus Jahn, Mannus 5. S. 76.)

Kunde von den vorgermanischen Bewohnern dort, den Kelten. Bei einigen Völkern, wie Langobarden und Goten, erzählen Stammessagen von der Zuwanderung über das Meer. Aber auch hier wieder hat die vorgeschichtliche Archäologie durch die Feststellung der Ausbreitung von Kulturerscheinungen ein gewichtiges Wort mitzusprechen. Archäologische Ergebnisse stimmen zu Stammessagen, so für die skandinavische Zuwanderung der Goten im letzten Jahrhundert vor Chr.; geschichtliche Nachrichten, so z. B. über das Vordringen der Elbsweben zum Main—Rhein, werden unterstützt und ergänzt. Mitunter stehen Landschaftsbezeichnungen im Einklang mit den archäologischen Ergebnissen; so für die Herkunft der schlesischen Silinger aus Seeland (Silund), der ostdeutschen Burgunder von der Insel Bornholm (ursprünglich Burgundarholm), wohl auch der Wandilier in Schlesien aus Nordjütland, wo in Wendyssel ihr Name erhalten ist. Diese Tatsachen rechtfertigen es, auch allein mit den Mitteln der Vorgeschichtsarchäologie Wanderung und Herkunft von Völkern

[1]) Aus Karte 2 ist zu ersehen, daß Waffenausstattung der Toten nur auf bestimmte Völkerschaften beschränkt ist. Doch wechseln derartige Sitten sehr schnell, z. B. führen die burgundischen Gräber Ostdeutschlands der Spätlatènezeit Waffen.

zu erschließen. So hat Kossinna eine Abspaltung der Germanen bereits in der jüngeren Bronzezeit verfolgt, die vielleicht die Anfänge der Peukiner, die später auch Bastarnen genannt werden, bedeutet; dieser Volksstamm läßt sich nach Geschichtsnachrichten schon in den letzten Jahrhunderten vor Chr. am Schwarzen Meer nachweisen. Weiter sieht Kossinna in der frühen Eisenzeit um 700 vor Chr. in dem Auftreten einer bestimmten Kultur zunächst im Weichselmündungsgebiet, für die „Gesichtsurnen" charakteristisch sind, die Bildung eines neuen Volksstammes, der zu den späteren Ostgermanen gehörte; Kossinna denkt dabei an die Wandilier.

Das Neuland ist in friedlichem Eindringen und Durchdringen oder auch in Eroberung erworben worden; einige ostgermanische Völker führen Namen, die auf das Herrentum der Träger schließen lassen: so Heruler = Herren, Goten = Kriegsmänner.

Es spricht nichts dagegen, daß die Völkerschaften frühgeschichtlicher Zeit, die im germanischen Altlande, im Siedelungsgebiete der Germanen der älteren Bronzezeit wohnen, dort meist wenigstens alteingesessen sind; Zuwanderungen im Laufe der vorgeschichtlichen Zeit lassen sich jedenfalls hier nicht feststellen. Ob die überlieferten Völkerschaftsnamen das gleiche hohe Alter haben, ist natürlich ganz unsicher, Namen können gewechselt haben. Doch wird man vermuten können, daß undeutbaren, sprachlich undurchsichtigen Namen vielfach ein hohes Alter zukommt; dieses ist aber bei einem großen Teil, wohl bei den meisten der Völkerschaftsnamen der Fall.

Volkszahl. Die Zahl der Menschen, die einer Völkerschaft zugehörten, wird naturgemäß sehr verschieden sein, sie ist schon begrenzt durch den zur Verfügung stehenden Raum. Mit Erweiterung des freien Landes durch Rodung ist bei den Germanen kaum zu rechnen. Im allgemeinen verfuhr man nicht wirtschaftlich sparsam mit dem Lande, der Germane liebte die Abgeschlossenheit seines Gehöftes. Allerdings hat er auch Dorfsiedelungen übernommen, besonders in Grenzgebieten und im Neuland unter Einfluß der Nachbarn; der Boden mag hier auch eifriger bebaut und stärker ausgenützt sein, so daß Bevölkerungszuwachs unterkommen konnte. Doch im allgemeinen führte das Anwachsen zu Auswanderungen, so zweigten sich von alten Völkerschaften jüngere ab, wie es von den Sweben berichtet wird, als deren Kernvolk die Semnonen im alten Siedelungsgebiet der Germanen galten.

Die Ausbreitung der Germanen ist gewiß zum Teil eine Folge der Landnot gewesen, wenn auch andere Gründe mitunter, wie Zwistigkeiten, Bestreben das Los zu verbessern, Lust an Abenteuer und Beute, mitgespielt haben. Für die vorgeschichtlichen Germanen gelten dieselben Gründe, die aus der Völkerwanderungszeit und aus der Wikingerzeit bekannt sind. In der beginnenden Eisenzeit (seit 800 vor Chr.) scheint das im Norden unerträglicher werdende Klima stärkere Auswanderung der skandinavischen Germanen zur Folge gehabt zu haben.

Andererseits ist auch zeitweise mit Schwächung der Bevölkerung durch Kämpfe, Seuchen und Hungersnot zu rechnen.

Eine Durchschnittsvolkszahl wird bei der Verschiedenartigkeit der germanischen Völker niemals angegeben werden können. So bleibt auch die Berechnung des Historikers H. Delbrück sehr unsicher, der eine durchschnittliche Bevölkerungsziffer in der Zeit um Christi Geburt mit etwa 25000 Seelen angibt [1]). Nach Tacitus (G. 40) war der Langobarden Ruhm ihre geringe Anzahl; ungeheure Zahlen dagegen hat sich Caesar über die Sweben berichten lassen; nach ihm wohnten sie in hundert Gauen (vielleicht Mißverständnis für „in Hundertschaften" siehe S. 16), aus jedem ziehen jährlich abwechselnd tausend Mann in den Kampf, während die übrigen für Lebensunterhalt sorgten (b. G. I, 37; IV, 1).

---

[1]) Geschichte der Kriegskunst II, 1. S. 36. — Die Seelenzahl eines Gaues (Geschlecht, Hundertschaft, Dorf) ist mit 400—1000 veranschlagt (S. 26). Zu diesem Ergebnis kommt auch Kiekebusch (Der Einfluß der römischen Kultur auf die germanische im Spiegel der Hügelgräber des Niederrheins. 1908, S. 79f.) für die Gemeinschaft, die den Urnenfriedhof der ersten beiden Jahrhunderte nach Chr. von Darzau im Langobardenlande benutzt. Doch sind auch hier die Grundlagen der Berechnung unsicher; vielleicht barg der Urnenfriedhof überhaupt nur Frauenbestattungen.

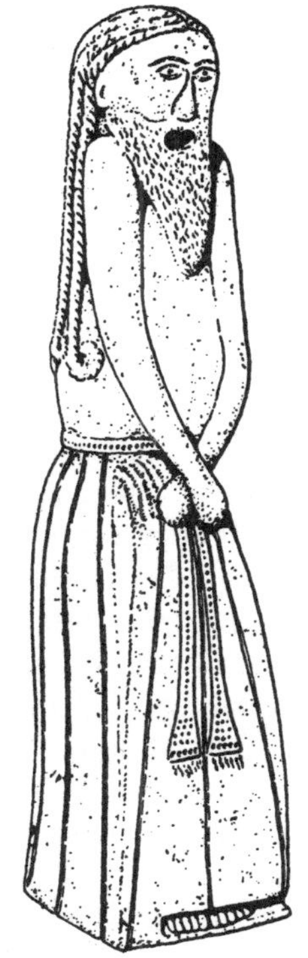

Abb. 6. Steinbild von Wildberg, O. A. Nagold. Priester oder Fürst. Frühes Mittelalter. — Lapidarium Stuttgart. (Aus Schumacher, Katalog des römisch-germanischen Zentralmuseums Mainz. Nr. 1.)

Verwaltung.

Häupter. Die Angabe des Caesar b. G. VI, 23, daß im Frieden keine gemeinsame Obrigkeit bestand, sondern die Fürsten der Bezirke und Gaue unter den Ihrigen Recht sprachen und Streitigkeiten schlichteten, gibt die alten gewachsenen Verhältnisse wieder. Man wird dabei an eine Nachricht des Nestor über die altslawische Volksorganisation erinnert: „Es lebte ein jeder mit seiner Verwandtschaft und auf seinen Plätzen, indem ein jeder über seine Verwandtschaft regierte." Auch bei den Germanen mag ursprünglich der Teilbezirk die Sippschaft umfaßt haben, so daß die Fürsten zugleich die Sippenältesten waren, doch größere Gaue beherbergten verschiedene vornehme Familien, aus denen die Fürsten gewählt wurden. Tacitus fügt zu der richterlichen Tätigkeit der Fürsten, die er G. 12 erwähnt, noch hinzu (G. 11), daß die Fürsten der Völkerschaft die Angelegenheiten der Volksversammlung vorberaten; sie machen auf der Volksversammlung ihre Vorschläge, weiter aber reicht ihre Macht nicht.

Diese weitgehende Selbständigkeit der Gaue wurde im Kriege unterbrochen, denn als Kriegsführer bedurfte man eines Mannes, der besondere Vollmachten besaß — nach Caesar b. G. VI, 23 hatte er Gewalt über Leben und Tod, während Tacitus nicht nur dieses Recht, sondern auch das jeder

Bestrafung bestreitet, das dem Priester zukam. Ohne Rücksicht auf die vornehme Abkunft wählte man den geeignetsten zum Herzog; alte germanische Sitte war es, den Gewählten auf den Schild zu heben, wie es Tacitus hist. IV, 15 von den Kanninefaten berichtet. Der Herzog trat mit Kriegsschluß in das Volk zurück.

Unter diesen Verhältnissen hatte als einzige Person, die im Krieg und Frieden für die gesamte Völkerschaft da war, der Priester (alte germanische Bezeichnung *gudjan zu *guda, Gott) eine ganz besondere Bedeutung, zumal da ihm als Beauftragter der Gottheit Rechte zustanden, die man den anderen Führern verweigerte. In der Volksversammlung, die er eröffnete, hatte er das Ahndungsrecht (G. 11), ebenso wie er allein auch im Kriege nach Tacitus zu strafen befugt war. Er war der Hüter der Gesetze (nach der althochdeutschen Bezeichnung êwarto). Gerade das Priestertum, das altes Recht und alte Kunde bewahrte, wird in bestimmten vornehmen Familien erblich gewesen sein; doch gab es, wie Caesar b. G. VI, 21 ausdrücklich bemerkt, keine Priesterkaste nach Art der keltischen Druiden. Die Priester werden mit ihren Kenntnissen und bei der Hochachtung, die ihnen zuteil wurde, einen nicht zu unterschätzenden Einfluß auf die Völkerschaft ausgeübt haben.

Andere Völkerschaften unterstanden dagegen ständig einer Person, dem König; aus einem Geschlechte, in der das Königtum erblich war, wurde er gewählt. *kunja ist die Bezeichnung für das Königsgeschlecht, der „König" ist der Abkömmling aus diesem. In frühgeschichtlicher Zeit sehen wir das Königtum im Vordringen. Die alten Geschlechter sträubten sich gegen diese Alleinherrschaft; der Cheruskerfürst Arminius fiel durch die Hand seiner Verwandten, da er im Verdacht stand, das Königtum unter den Cheruskern aufrichten zu wollen; der König Marbod der Markomannen wurde von dem heimischen Adel gestürzt.

So könnte das Königtum unter den Germanen jung erscheinen. Sicher ist auch, daß für seine Ausbildung keltische Einflüsse in den letzten Jahrhunderten vor Chr. mitgewirkt haben, die keltische Bezeichnung rīx wurde übernommen. Könige führen keltische Namen, so der Kimbernkönig der Wanderzeit Boiorix (doch mag eine keltische Namenform mitunter darauf beruhen, daß der germanische Name durch keltische Vermittlung den Römern überliefert wurde); auch die Königsbeamten stammen aus der keltischen Verfassung (siehe S. 91). Aber doch liegt der Keim des Königtums schon in altheimischen Verhältnissen, es ist hervorgegangen aus der Herzogwürde und aus der Priesterwürde.

Der für den Krieg gewählte Herzog trat zwar nach Beendigung des Kriegs wieder in das Volk zurück, doch konnten wohl langdauernde Kriegszeiten die Herrschaft des Herzogs festigen; ob diese Fälle eingetreten sind, wissen wir allerdings nicht. Mit größerer Gewißheit können wir sagen, daß die bei ostgermanischen Stämmen in frühgeschichtlicher Zeit verbreitete Königsherrschaft aus der Führung auf ihrer Wanderung nach Ostdeutschland (s. S. 56) hervorgegangen ist. Solche Königsherrschaften können sich auch in vorgeschichtlichen Wanderzeiten ausgebildet haben. Ein Zusammenhang zwischen König und Herzog ist weiter darin zu erblicken, daß die bezeugte Schilderhebung des Herzogs später allgemein für die Königswahl gilt. — Dann aber ist auch das Königtum aus dem Priestertum hervorgegangen, vielleicht daß eine Kultgemeinschaft sich zu einem Volk zusammenschloß, vielleicht daß bei einer in Fürstentümer zerfallenden Völkerschaft der gemeinsame Priester seinen Einfluß weiter ausdehnte. Besonders scheint es für das Priestertum Skandinaviens zu gelten. Im frühen Mittelalter finden wir dort die nicht Waffen führenden Priesterkönige neben den Kriegskönigen. Doch schon zur Zeit des Tacitus ist von den Swionen (den Schweden) die eigenartige Nachricht überliefert (G. 44), daß unbedingte Alleinherrschaft bestehe, und daß die Waffen des Volkes nicht freigegeben seien, sondern unter Bewachung von Sklaven verschlossen lägen. Man hat diese Nachricht auf eine Kultfeier bezogen, während der, wie bei der Nerthusfeier der gleichfalls im Ostseegebiete siedelnden 7 Stämme, die Waffen ruhten (siehe S. 3) und ein „Gottesfriede" herrschte. Es könnte sich aber doch vielleicht um eine ständige priesterliche Herrschaft handeln. Man wird dazu stellen, daß die aus Südschweden stammenden Dänen gleichfalls nach der Sage unter dem „Friedenskönig" Frodi standen, zu dessen glücklichen Zeiten keine kriegerischen Händel geduldet wurden. Man hat schon in Frodi die Bezeichnung eines Priesters vermutet [1]). In der frühgeschichtlichen Zeit herrschte offenbar in dem Ostseegebiet der Kult der friedlichen Wanengottheiten; seit wann sie hier heimisch sind, wissen wir nicht. Diesen Wanen, mögen sie nun Nerthus, Ing oder Freyr heißen, hat ein einflußreiches Priestertum gedient. Der für germanische Verhältnisse ungewöhnlichen Gewalt der Priester entsprach es, daß der Gott als „Herr" (Bedeutung des Namens Freyr) bezeichnet wurde [2]).

Daß Richter, Herzog, König und Priester besondere Abzeichen ihrer Würde trugen, ist zum Teil bezeugt, zum Teil kann es aus den vorgeschichtlichen Funden erschlossen werden (siehe S. 73).

Volksversammlung. In Fürstenstaaten wie in Königreichen lag die Entscheidung über die das ganze Volk angehenden Angelegenheiten bei der Volksversammlung, dem „Thing" (Tacitus, G. 11). Zwar beraten die Fürsten vor, und es führen die Rede „der König oder ein Fürst, je nach seinem Alter, seinem Adel, dem Kriegsruhm der Väter, seiner Beredsamkeit: mehr als angesehene Ratgeber als befehlende Machthaber; doch mißfiel die Meinung, so weisen sie sie mit Murren ab, gefiel sie, so schlagen sie die Speere zusammen". Hier wird über Krieg und Frieden entschieden, der Herzog und der König gewählt. Vergehen gegen die Gesamtheit werden gerichtet, die Wehrhaftmachung der Jünglinge, also ihr Eintritt in das Volk, fand hier statt (G. 13).

Diese Volksversammlungen vereinigten offenbar eine stattliche Menge, doch es ist anzunehmen, daß nicht alle „Freien" an ihr teilnahmen, sondern

---

[1]) Oder Frodi soll ein Name des Gottes Freyr sein.

[2]) Von Yngvi-Freyr leitete sich auch das Geschlecht der Ynglinger ab, das die Priesterkönige von Gamla-Upsala stellte. Die drei großen Hügel dieser Kultstätte bergen die waffenlosen Brandbestattungen drei der Könige aus dem 5. und beginnenden 6. Jahrhundert.

nur die Hausväter, die Familienhäupter (siehe S. 68); denn durch diese Annahme wird die Teilnehmerzahl auf ein mögliches Maß zurückgeschraubt[1]). „Bei der Saumseligkeit der Kommenden geht auch der zweite und wohl noch der dritte Tag verloren. Wie es der Menge behagt, lassen sie sich bewaffnet nieder". So war es wohl das übliche, doch auffallenderweise sind auf der Darstellung einer germanischen Volksversammlung der Mark-Aurel-Säule in Rom (2. Jahrhundert nach Chr.) die meisten Teilnehmer waffenlos (Abb. 4, S. 53).

Endlich erfahren wir noch durch Tacitus, daß die regelmäßigen Versammlungen zu bestimmten Zeiten bei Neumond oder bei Vollmond begannen, falls sie nicht unerwartet einberufen werden mußten, da diese Zeiten als glückbringend für den Beginn eines Geschäftes angesehen wurden.

Gericht. Kleinere Streitfälle wurden in Gerichtsversammlungen entschieden, die in den Bezirken und Dörfern unter dem rechtskundigen Fürsten abgehalten wurden, ihm standen hierfür hundert Beisitzer aus dem Volke bei (Tacitus G. 12). Es gibt nun eine alte Bezeichnung für den Gerichtsbezirk bei südwestdeutschen Stämmen aber auch bei Schweden und Angelsachsen, die mit hundert gebildet ist (Hundertschaft) (alamanisch huntari, moselfränkisch hunria, huntschap, altschwedisch hundari, angelsächsisch hundred)[2]); der Vorsteher ist der hunno. Diese Benennung mag schon bei den Semnonen und den Sweben (also den Vorfahren der Alemannen) üblich gewesen sein und Caesar und Tacitus zu der Annahme veranlaßt haben, daß die Sweben und Semnonen in hundert Gauen wohnten. Man möchte auch eine Beziehung zu den hundert Gerichtsbeisitzern vermuten[3]). Es ist aber meiner Ansicht nach nicht nötig, hier außerdem noch eine Verbindung mit den hundert auserwählten Vorkämpfern zu suchen, die Tacitus in der Heeresgliederung erwähnt[4]).

Landverteilung. Die „Gesamtheit", die nach Tacitus G. 26 die Verteilung der Ackerstücke vornimmt, ist die Siedelungsgemeinde; ihr gehörte das Land, sie bestimmte, welches Stück aus der gemeinsamen Mark wohl für mehrere Jahre in Bebauung genommen wurde, und einen wie großen Anteil ein jeder Hausstand erhielt je nach dessen Größe, so daß Vornehme auch einen größeren Teil zur Bewirtschaftung empfingen. Die Felder werden

[1]) Gerade die größtmögliche Teilnehmerzahl an der Volksversammlung bildet für Delbrück die Grundlage der Berechnung der Volksstärke (siehe S. 58).

[2]) Dazu gehören auch heutige Bezeichnungen wie Hunsrück u. ä., auf deren Bedeutung E. v. Wekus „Zur Kenntnis der Vorzeit. Das Rätsel des Hunsrücks" nachdrücklich hinweist. Für den zweiten Teil des Wortes ist aber eine annehmbare Erklärung noch nicht gegeben.

[3]) Doch angelsächsisch hundred ist ursprünglich ein Bezirk von 100 Hufen. — Die verschiedenen Theorien über ursptüngliche Bedeutung der Hundertschaft sind von Rietschel in Hoops Reallexikon der germanischen Altertumskunde unter „Hundertschaft" kurz zusammengestellt.

[4]) Wie Hundert war Tausend eine beliebte Einheit; für diese spricht die Angabe des Caesar (b. G. IV, 1), daß bei den Sweben 1000 Mann aus jedem Gau in das Feld zogen. „Tausendschaften" sind schließlich auch aus der Heeresgliederung ostgermanischer Völkerschaften in der Völkerwanderungszeit bekannt.

in jährlichem Wechsel bestellt. Bei den Sweben soll nach Caesar (b. G. III, 1 und VI, 22, hier zwar allgemein für die Germanen, doch wohl auf Grund der Beobachtung bei den Sweben) nicht nur der Ackerplan jährlich von „der Obrigkeit und den Fürsten" neu verteilt worden sein, sondern sogar der Wohnsitz gewechselt haben. Falls aber wirklich Caesars Angaben Glauben zu schenken ist, liegt hier kein älterer Wirtschaftszustand zugrunde, aus dem sich die bei Tacitus überlieferte Wirtschaftsform im Ablauf der hundert Jahre entwickelt hat, sondern eine von einer straffen Staatsorganisation geschaffene und durchgeführte Einrichtung für die auf den Krieg eingestellten Sweben. Daß der swebische Zustand als außergewöhnlich gelten muß, geht schon aus den Worten des Swebenfürsten Ariovist dem Caesar gegenüber hervor (b. G. I, 36), seine Germanen seien 14 Jahre lang nicht „unter Dach" gekommen. Die kümmerlichen Wohnstättenreste der Sweben dieser Zeit, auf die man hier und da gestoßen ist, passen zu diesem Bilde. — Die Siedlungsgemeinde mit verschiedenen Familien, die in dieser Zeit wohl nicht gerade zu einer Sippe gehörten, kann wohl als Dorfgemeinde bezeichnet werden. „Dorf", urverwandt mit lat. turba (Schar), trifft den Zusammenschluß von unverwandten Familien. Die Schilderung des Tacitus aber gilt nicht für die Gebiete, in denen die altgermanischen Einzelhöfe bestanden. Der Wechsel des Anbaulandes ist nun durch Strabo VII, 315 auch bei den Illyriern bezeugt, wo die Aufteilung alle acht Jahre vorgenommen wird. Es mag sich also um eine alte Einrichtung der mitteleuropäischen Völker handeln, die schon seit der jüngeren Steinzeit ausgesprochene Bodenbebauer waren (Bandkeramikkultur), für die auch gerade die Dorfsiedelung charakteristisch ist. Solche Völker, Kelten, Vorkelten, Illyrier, werden auf die ihnen benachbarten [1]) oder sie überdeckenden Germanen eingewirkt haben.

Versammlungsstätten. Die Versammlungen fanden im Freien statt und waren an bestimmte Stätten gebunden. Der Thingplatz der Völkerschaft mußte von allen Seiten leicht zu erreichen sein. Die Altsachsen z. B. kamen zu Marklo an der Weser zusammen, also in der Mitte ihres Gebietes im Lande der Engern. Der Wohnsitz des Königs oder der Fürsten wird in der Nähe der Thingplätze der Völkerschaft bzw. der Gaue zu suchen sein. So lag die Königsburg des Marbod neben der Volksburg, die wohl die Thingstätte der Markomannen enthielt [2]).

Die alten Thingstätten haben naturgemäß meist keine deutlichen Spuren hinterlassen; wo Thingplätze nachzuweisen sind, steht ihr Alter und ihre nähere Bestimmung nicht fest. Mitunter sind diese Stätten noch jetzt etwa durch Steinumsetzung kenntlich. Hinweise geben auch noch Ortsnamen, so bedeutet Detmold Volksgerichtstätte (zu mittelhochdeutsch diet Volk und der gemein-

---

[1]) Die bekannte bedeutende Dorfsiedelung bei Buch nördlich von Berlin aus der jüngeren Bronzezeit fällt zwar in germanisches Siedelungsgebiet, doch wie die Siedelungsform und der Haustypus nicht germanisch sind, so zeigen auch die Kleinfunde, insbesondere die Keramik, starke Beeinflussung von der nordillyrischen Kultur.

[2]) Schuchhardt, Hof, Burg und Stadt bei Germanen und Griechen. Neue Jahrbücher für klassisches Altertum. XXI, 1908, S. 305ff.

germanischen Bezeichnung mhd. mâl Gerichtstatt). Auch umwallte Burganlagen waren mitunter Mittelpunkt eines Volkes. Bei den Germanen fehlen aber derartige für uns kenntliche Burgen überhaupt in der Bronzezeit und in der beginnenden Eisenzeit im Gegensatz zu den ostdeutschen und süd-

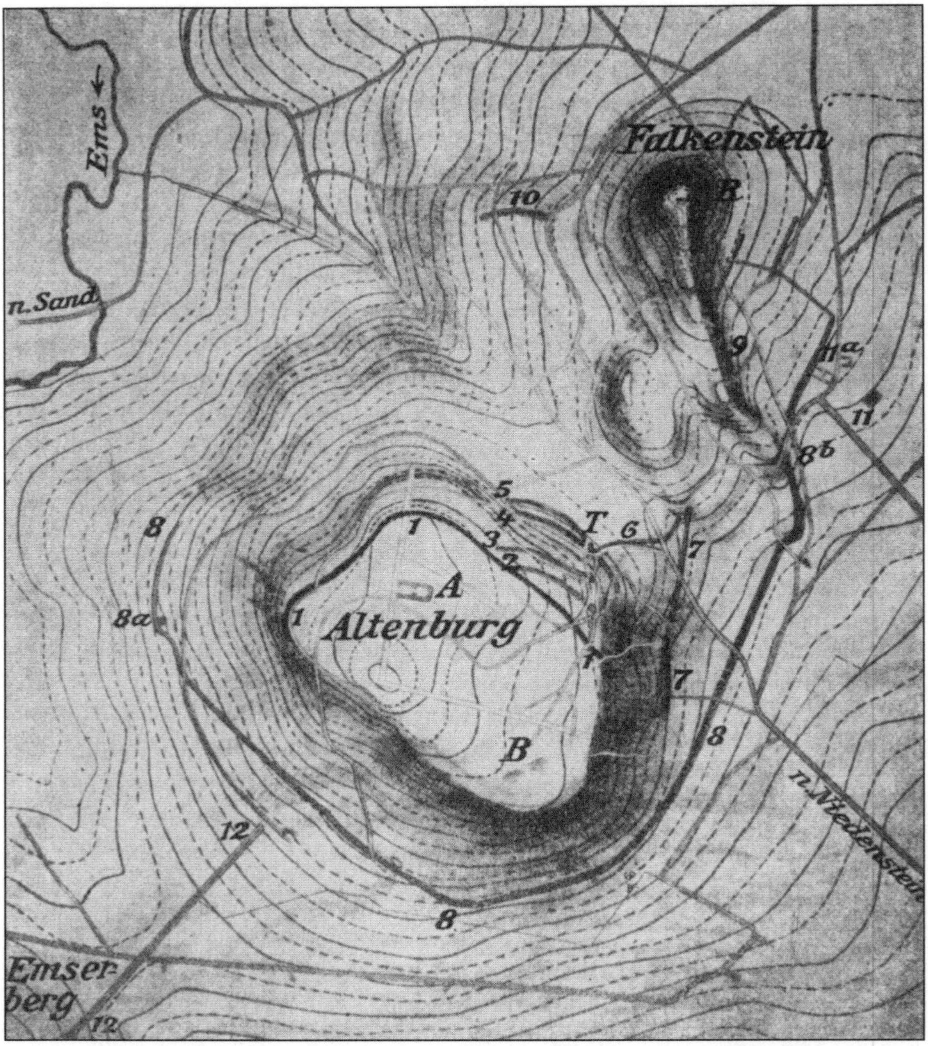

Abb. 7. Plan der Altenburg bei Niedenstein, Bez. Kassel. 1:12500. Hauptort der Chatten um Christi Geburt.
Aus Bericht über die Fortschritte der röm.-german. Forschung 1905.

deutschen Nachbarn. Erst seit dem Ende des letzten Jahrtausends sind sie bei den Germanen, die in das mitteldeutsche und süddeutsche Bergland eingedrungen sind, zu finden (siehe Karte 2). Mitunter sind hier ältere keltische Anlagen weiter benutzt, wie überhaupt der Burgenbau der Germanen auf keltischen Einfluß beruhen dürfte. Für einige Wallburgen Westdeutschlands ist noch festzustellen, welchem Germanenstamm sie als Hauptort dienten; auch historische Nachrichten lassen sich auf sie beziehen. So ist der Hauptort der Chatten Mattium in der Altenburg bei Niedenstein, Bezirk Kassel nicht weit vom Dorfe Metze wiedergefunden (Abb. 7); die bei Tacitus genannte „Stadt der Bataver" ist bei Nymegen aufgedeckt worden. Je weiter wir in das Innere von Deutschland gelangen, desto unsicherer wird der Nachweis; der in römischen Berichten genannte Teutoburger Wald weist jedenfalls auf eine Volksburg, wohl die der Cherusker. Trotzdem das Lippische Bergland erst neuerdings diesen Namen erhalten hat, möchte man doch vermuten, daß in der Grotenburg bei Detmold die Teutoburg zu suchen sei, wobei auch die Bedeutung dieses Stadtnamens (siehe oben) in das Gewicht fällt. — Daß die Burgen auch wohl Kultstätten enthielten, darauf deuten noch Namen von Burgbergen hin, wie der Mittelpunkt der Neckarsweben Heiligenberg bei Heidelberg, ferner bei den Vangionen der Donnersberg in der Pfalz.

Abb. 8. Vornehmer Mann der älteren Bronzezeit.
Nach Funden vom Verfasser gezeichnet.

Gesellschaftliche Verhältnisse.

Volk.

Adelige, Freie. Das öffentliche Leben bestimmen die Männer, die bei Tacitus als ingenui bezeichnet werden. Die germanische Benennung scheint in unserem Worte „Adel" erhalten zu sein (nach Neckel [1]), so daß Tacitus mit Absicht in der Übertragung nicht liber, sondern das sinnverwandte ingenuus (lateinisch genus und althochdeutsch adal = Geschlecht) gewählt hat. Das germanische Wort hat nach Neckel ursprünglich dem Erbgut (althochdeutsch uodal) gegolten, ist dann auf den Besitzer desselben übertragen worden. — Die Siedelungsweise der Germanen scheint, soweit nicht fremde Verhältnisse eingewirkt haben, in vorgeschichtlichen Zeiten der Einzelhof gewesen zu sein; die Grabanlagen der jüngeren Steinzeit und der älteren Bronzezeit sprechen dafür. Aus der frühgeschichtlichen Zeit sind besonders auf der Insel Gotland die Ruinen derartiger Einzelhöfe erhalten (Abb. 9); die meisten Funde in ihnen gehören zwar erst dem 5. Jahrhundert nach Chr. an, der Zeit, in der die Höfe aus irgendeinem Grunde verlassen wurden und auch die Gräberfelder dort abbrechen, doch einzelne ältere Funde lassen erkennen, daß sie offenbar bereits in den ersten Jahrhunderten nach Christus entstanden sind. Auch die künstlichen Hügel, die Warften, auf

[1]) Neckel: Adel und Gefolgschaft. Beiträge zur Geschichte der deutschen Sprache. 41. 1916. S. 385ff.

denen die Bauernhöfe der Friesen angelegt sind, gehen nach den in ihnen zutage getretenen Funden bis in diese Zeit zurück, und zwar sind es gerade die kleinen Warsten, die nur eine Hofstätte tragen; so ist auch in Nordwestdeutschland der Einzelhof wenigstens bis in die frühgeschichtlichen Zeiten zu verfolgen. Die Nachricht des Tacitus G. 16 über die germanische Siedelungsweise: „Sie wohnen einzeln und abgesondert", „jeder umgibt sein Haus mit einem freien Platz" wird jetzt meist auf das Haufendorf mit nicht eng aneinander gerückten Häusern bezogen, doch ist vielleicht an die Einzelhofsiedelung, wie wir sie nun schon aus den Funden kennen gelernt haben, gedacht. — Diese altgermanischen Höfe also sind es, aus denen der Adel hervorging. Die Höfe beherbergten wohl eine Großfamilie [1]). Hierdurch wird auch am besten das Verhältnis der Adeligen zu den Freien (liberi) verständlich, die zwar Tacitus nicht erwähnt, deren Vorhandensein aber man mit Neckel voraussetzen muß. Nach Neckel sind sie die Hintersassen der Hofbesitzer. Der Name „Freie" bedeutet nun ursprünglich die „Lieben", die „Angehörigen"; sind also die Adeligen die Hofvorsteher, die

Abb. 9. Gehöft der frühgeschichtlichen Zeit auf Gotland.
Rekonstruktion der Landesanstalt für Vorgeschichte, Halle.

Häupter der Großfamilie, so ist „frei" die Bezeichnung der übrigen Mitglieder der Großfamilie, es sind die Verwandten, die dem Familienhaupt unterstehen. Das Familienhaupt vertritt die Familie in der Volksversammlung; die übrigen Familienmitglieder, also auch die männlichen Verwandten, sind am öffentlichen Leben nicht beteiligt. Das werden die ursprünglichen echt germanischen Verhältnisse gewesen sein, die sich nicht überall gleichmäßig lange erhalten haben; besonders bei Neubesiedelung mochten sie durchbrochen werden. So verliert zum Teil Adel seinen alten Sinn und die abgeleitete Bedeutung „vornehme Abstammung" tritt mehr hervor. Der Adelige führt den Namen seines Geschlechts [2]). Seine Ahnen sind bekannt.

Diese Adeligen (im alten Sinne) bestimmen in der Volksversammlung das Geschick des Volkes, sie beschließen über Krieg und Frieden, wählen aus ihrer Mitte als Kriegsführer den Herzog, für dessen Wahl lediglich seine kriegerische Tüchtigkeit ausschlaggebend ist, und aus besonderen Geschlechtern Fürst und König.

[1]) W. Schulz: Die germanische Familie in der Vorzeit. S. 24ff.

[2]) Daß der Name nur dem Besitzer des Hofes gilt, hat sich noch im niedersächsischen Gebiete erhalten, wo ja überhaupt der Name vielfach an dem Hofe haftet.

Geschlechter der Fürsten und Könige. Es gab also bei den Germanen besonders ausgezeichnete Geschlechter, denen Führertum angeboren war, die nobiles des Tacitus, die altgermanische Bezeichnung für das vornehme Geschlecht ist *kunja (König eigentlich „Sohn vom edlen Geschlecht").

Abb. 10. Bastarnenfürst. Darstellung auf der Trajansäule.

Abb. 11 (unten). Gefangennahme des Quadenkönigs Ariogais und der Seinen, Markomannenkrieg. Darstellung auf der Mark-Aurel-Säule in Rom.
Abb. 12 (oben). Kopf des Quadenkönigs Ariogais.
(Abb. 10 bis 12. Aus Kossinna: Die deutsche Vorgeschichte. Mannusbibl. Nr. 9.)

Weisheit und besondere Kenntnisse waren ihnen eigen [1]), sie waren daher für das Richtertum und für das Priestertum befähigt (Priester althochdeutsch = êwarto, Gesetzhüter, êsago, Gesetzsprecher; althochdeutsch eoting = Priester,

[1]) In dem Eddaliede von Rig ist Kon ungr (König) „kundig der Runen, lange wirkender Lebensrunen" (Übertragung von Gering).

Gesetzsprecher). Auch die edelste Tugend der Germanen, Kampfesmut, ist in ihnen besonders ausgeprägt [1]). Waren diese Eigenschaften im Geschlechte vorhanden, so waren sie auch jedem Mitgliede eigen. „Die Taten der Vorfahren" gehörten zu den Fürstengeschlechtern (Tacitus G. 12), sie waren im Volke bekannt. Der Fürst führte seinen Stammbaum auf die Götter zurück, er war vom ältesten Geschlecht, Abkömmling der Götter; daher auch der Besitz der Kenntnisse, die ihn die Gottheit selbst wohl gelehrt hatte. Bei der Fürstenwahl griff man selbst unter schwierigsten Verhältnissen auf das Geschlecht zurück; von den Cheruskern wird berichtet, daß sie den letzten aus dem Geschlecht sogar aus Italien als ihr Haupt beriefen (Tacitus ann. XI, 16). Mit den Eigenschaften vererbten sich körperliche Merkmale: Die blitzenden Augen galten allgemein für ein Zeichen der edlen Abstammung (siehe Probe aus dem Eddalied von Rig S. 46), von dem Cheruskerfürsten Arminius wird erzählt, daß aus seinem Antlitz und Augen geistiges Feuer leuchtete (Velleius Paterculus II, 118). Das wandalische Königsgeschlecht der Hasdingen zeichnete sich durch besonders schönes Haar aus (altnordisch haddr = Frauenhaar). Das großartige Grab der Bronzezeit von Håga bei Upsala (siehe S. 81) barg den Leichenbrand eines schlanken, feinknochigen Mannes. Die edelsten Geschlechter tragen die Merkmale einer Hochzüchtung.

Reichtum war bei diesen Geschlechtern aufgehäuft. Dem Führer im Kriege und auf Beutezügen fiel ein Teil der Beute zu; der Richter erhält einen Teil der Buße; freiwillige Abgaben an Vieh und an Feldfrüchten werden dem Fürsten und König zur Ehre vom Volke zugetragen (Tacitus G. 15). Geschenke benachbarter Fürsten vermehren den Schatz. Derartige Königshorte sind gerade in der Wanderzeit, der sogenannten „Völkerwanderung", mitunter vergraben und jetzt aufgedeckt. Schatzfunde aus der Bronzezeit mögen zum Teil dieselbe Bedeutung haben. Zwar wird von Tacitus G. 44 nur von den Swionen erwähnt, daß bei ihnen Reichtum in Ehre stand, doch scheint dieses ein echter, alter Zustand zu sein. Die keltische Bezeichnung für König „rīx", die von den Germanen aufgenommen wurde, lebt in der Bedeutung „reich" fort. Reichtum war Voraussetzung für das Führen eines fürstlichen Lebens, z. B. auch für das Halten einer Gefolgschaft. Mißgunst erweckte dieser Reichtum wohl nicht, der Hort des Königs galt als Hort des Volkes, so war der Markomannenhort beim König Marbod aufbewahrt (Tacitus ann. II, 62).

Einen besonderen Stand bilden jedoch diese Geschlechter nicht. Vorrechte dem Volke gegenüber im Staate haben sie nicht; die Abgaben sind, wie schon bemerkt, freiwillig. Daß Fürsten und Könige bei ihren Kenntnissen und ihrer Beredsamkeit, wie Tacitus erzählt, das Wort führen, ist selbstverständlich; die Annahme und Ablehnung der Anträge steht dem Volke zu. Natürlich hat es nicht an Versuchen ehrgeiziger und tatkräftiger Mitglieder der Geschlechter gefehlt, besonders wenn sie als König die Allein-

---

[1]) Auch hier sei noch einmal auf das Lied von Rig hingewiesen: „Kon, du junger, was kirrst du Vögel? Richtiger wär's auf die Rosse zu steigen und den Feind zu vernichten".

herrschaft führten, die gewohnte Ordnung zu durchbrechen Marbod scheint über diese Versuche gestürzt zu sein.

Es werden nur Vermutungen über die Herkunft der Geschlechter ausgesprochen werden können. Daß sie etwa aus einer Herrenschicht hervorgegangen sind, ist abzulehnen; sie sind nicht vom Volke gesondert, auch nicht in ihrer Artung, man schreibt ihnen nur die Eigenschaften des Volkes in idealer Fülle zu. Glückhafte Zufälle und Tüchtigkeit von einzelnen werden schließlich doch einmal Geschlechter emporgetragen haben, besonders gilt es für Wander- und Kriegszeiten. Schwer war gewiß das Emporkommen, besonders bei dem guten Gedächtnis der schriftlosen Zeit, denn das Alter eines Geschlechtes galt als Voraussetzung.

Tracht. Trotzdem auch in einigen Teilen der Tracht Fürsten, Könige und besonders Priester sich vom Volke schieden, sei doch nicht nach diesen Gesichtspunkten die Tracht behandelt, sondern es sei das gemeinsame übergeordnet und nur hervorgehoben, was nachweislich oder mit Wahrscheinlichkeit als Sondertracht galt.

Die Germanen zeichnen sich durch Pflege des Körpers aus, das kalte und warme Baden wird in den ältesten Nachrichten erwähnt (Caesar b. G. IV, 1. VI, 21, Tacitus G. 22). Das Haupthaar wurde lang getragen und war gepflegt, die Sweben schlangen es im Knoten an der Schläfe, seltener am Hinterkopf auf, bei den Vornehmen wurde dabei das Haar „kunstvoller hergerichtet“ (Tacitus G. 38). Das vorgeschichtliche Alter dieser Haartracht geht aus einer Darstellung eines Bastarnen aus dem zweiten Jahrhundert vor Chr. hervor[1]). Es ist wohl ursprünglich eine Kriegstracht, da das lange Haar beim Fehlen einer Kopfbedeckung im Kampfe hinderlich war. In der frühgeschichtlichen Zeit war je nach Stammessitte das Tragen eines Bartes oder das Abnehmen üblich; Kämme, Rasiermesser und Scheren sind oft den Toten mitgegeben. — Bronzerasiermesser und kleine Haarzangen sind in Gräbern in der Bronzezeit häufig, selbst noch in dem jüngeren Abschnitte, in dem das Mitgeben von Metallbeigaben im allgemeinen aufhört.

Die Kleidung der Freien war naturgemäß vollständiger und besser als die der Knechte[2]). Die Wohlhabenden, also die Mitglieder vornehmer Familien, trugen besseres Gewebe, farbige Muster — die rote Farbe war nach Funden frühgeschichtlicher Zeit beliebt —, Pelzbesatz und selteneres Pelzwerk. In der frühgeschichtlichen Zeit begnügten sich die weniger wohlhabenden Freien mitunter mit Mantel und Hose ohne Leibrock. Die Hose war der Bronzezeit noch fremd und ist im Laufe des letzten Jahrtausends bei den Germanen eingeführt; in der frühgeschichtlichen Zeit war sie allgemein, jetzt mochte, wie im Harbardlied der Edda, das Fehlen der Hose ein Zeichen größter Armut sein. Die lange Gewandung, die, wo sie festzustellen ist,

---

[1]) Man hat vermutet, daß der Haarknoten in vorgeschichtlicher Zeit von den Thrakern übernommen wurde, da bei ihnen diese Tracht schon in Homers Ilias erwähnt wird.

[2]) Der bei Bernuthsfeld, Kr. Aurich in das Moor versenkte Mann („Moorleiche“) ist nach seiner Gesamtkleidung sicher ein Freier, trotzdem besteht sein Rock aus zahlreichen Einzelflicken.

eine auszeichnende Tracht war, ist vielleicht schon in der Bronzezeit nach den Darstellungen auf dem Steine von Kivik in Schonen (siehe Seite 6 und Abb. 2 und 3) als Priestertracht bezeugt; ob auch die „weibliche Ausschmückung der Alkipriester bei den Naharvalen zur Zeit des Tacitus (G. 43) auf diese Tracht hinweist, ist unsicher; dagegen tragen die vornehmen Goten auf der Arkadiussäule (403 errichtet) ein langes Untergewand; einen Fürst oder Priester stellt das Steinbild von Wildberg in Württemberg dar (Abb. 6, S. 59). Die Farbe der Priesterkleidung war in frühgeschichtlicher Zeit weiß. — Die Tracht vervollständigen Schuhe und in der Bronzezeit Mütze; der Germane der Römerzeit ging dagegen gewöhnlich unbedeckt. Bei den Goten der Völkerwanderungszeit galt das Tragen von Hüten als Vorrecht der Fürsten und Priester. Letztere trugen vielleicht auch in der Bronzezeit besondere Kopfbedeckungen (Kivik).

Abb. 13. Germanischer Freier in Kriegstracht. 1. Jahrh. nach Chr. Modell der Landesanstalt f. Vorgeschichte, Halle.
(Aus G. Girke: Die Tracht der Germanen in vor- und frühgeschichtlicher Zeit II. Mannusbibl. Nr. 24.)

Die Waffen gehörten zum Manne. Sie trug er in der Volksversammlung [1]); bei verschiedenen Völkerschaften der frühgeschichtlichen Zeit lebte die Sitte der älteren Bronzezeit wieder auf, die Waffenausrüstung oder Teile von ihr den Toten mitzugeben. Der Jüngling trat mit der Wehrhaftmachung, mit der Überreichung der Waffe, in die Reihe der Wehrmänner. Die häufigste Waffe war der Speer, wie die Grabfunde ausweisen. Schilde mögen vielleicht öfters getragen sein, als aus den Funden zu erkennen ist, da sich nur die Metallbeschläge in der Regel erhalten konnten. Schilde ohne

[1]) Auffallenderweise fehlen die Waffen auf der Darstellung der Volksversammlung auf der Mark-Aurelsäule; siehe Abb. 4. — Tacitus berichtet von den Swionen als Ausnahme, daß ihre Waffen in Bewahrung des Königs lägen (G. 44). (vgl. dazu S. 15).

Metallbeschläge sind aber gleichfalls anzunehmen; aus bronzezeitlichen Grabfunden sind z. B. keine Schilde bekannt, während sie auf den Felsenzeichnungen dieser Zeit abgebildet sind. Zur vollständigen Ausrüstung gehörte weiter das Schwert, das mitunter, so in der älteren Bronzezeit und wieder besonders in der Völkerwanderungszeit, als kostbares Stück reich verziert ist. Eine recht gebräuchliche Waffe der Bronzezeit war das Beil, das dann im Laufe der ersten Jahrhunderte wieder auftritt. Helme waren nicht üblich; Tacitus berichtet, daß nur erbeutete Helme getragen wurden, wie anzunehmen, von den Führern. Hörnerhelme der Bronzezeit, bezeugt durch Felsenzeichnungen und eine Bronzefigur (Abb. 15), sind vielleicht gleichfalls auszeichnende Stücke gewesen. Ein Reitpferd war bei den meisten germanischen Völkerschaften nur Vornehmen eigen, die aber während des Kampfes das Pferd verließen; doch waren z. B. die Tenkterer allgemein als tüchtige

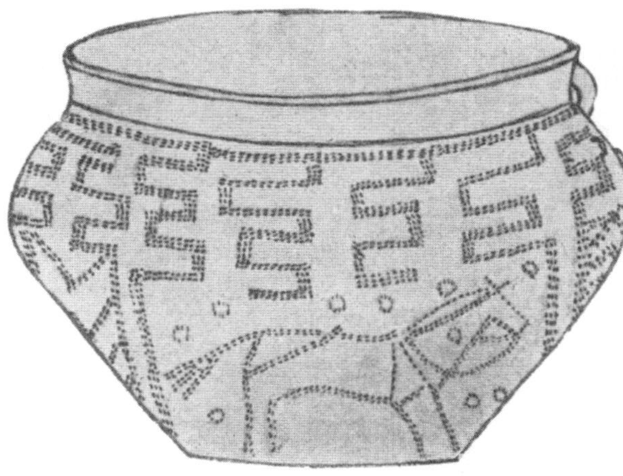

Abb. 14. Leichenbrandurnen mit aufgezäumtem Pferd, Hohenferchesar, Kr. Westhavelland 3. Jahrhundert nach Chr.
Aus Kossinna, Die deutsche Vorgeschichte. Mannusbibl. 9.

Reiter bekannt (Tacitus G. 32). Für das Pferd galt bei ihnen sogar die besondere Erbbestimmung, daß es nicht an den ältesten, sondern an den kriegstüchtigsten Sohn fiel.

Würdezeichen. Aus dem Mittelalter sind besondere Würdezeichen bekannt, die wohl zum Teil schon vorgeschichtliches Alter haben. Götterattribut und Abzeichen für Fürst, König und Priester lassen sich nach den vorgeschichtlichen Funden und Bildwerken natürlich nicht immer klar trennen. Von Darstellungen auf den Felsenzeichnungen Skandinaviens der Bronzezeit gilt dies für die schon genannten Hörnerhelme (vielleicht zum Teil Abbildungen gehörnter Gottheiten?), weiter für die Lanze, die auf der Felsenzeichnung von Litsleby, Tanum (Abb. 16) eine an Größe hervorragende Gestalt schwingt, für das Beil, das Gottheiten der Felsenzeichnungen führen und auch auf einer der Grabplatten von Kivik vertreten ist (Abb. 17), hier ist die symbolische Bedeutung durch Funde von Zierbeilen

Abb. 15. Bronzefigur aus Dänemark. (Aus Girke, Die Tracht der Germanen.)

Abb. 16. Felsenzeichnung von Litsleby, Tanum. (Aus Mannus, Zeitschr. f. Vorgesch.)

Abb. 17. Grabplatte von Kivik, Schonen. (Aus Mannus, Zeitschr. f. Vorgeschichte.)

Abb. 18. Bronzezeitlicher Faltstuhl. Nach dänischen und norddeutschen Funden ergänzt. (Aus S. Müller, Urgeschichte Europas.)

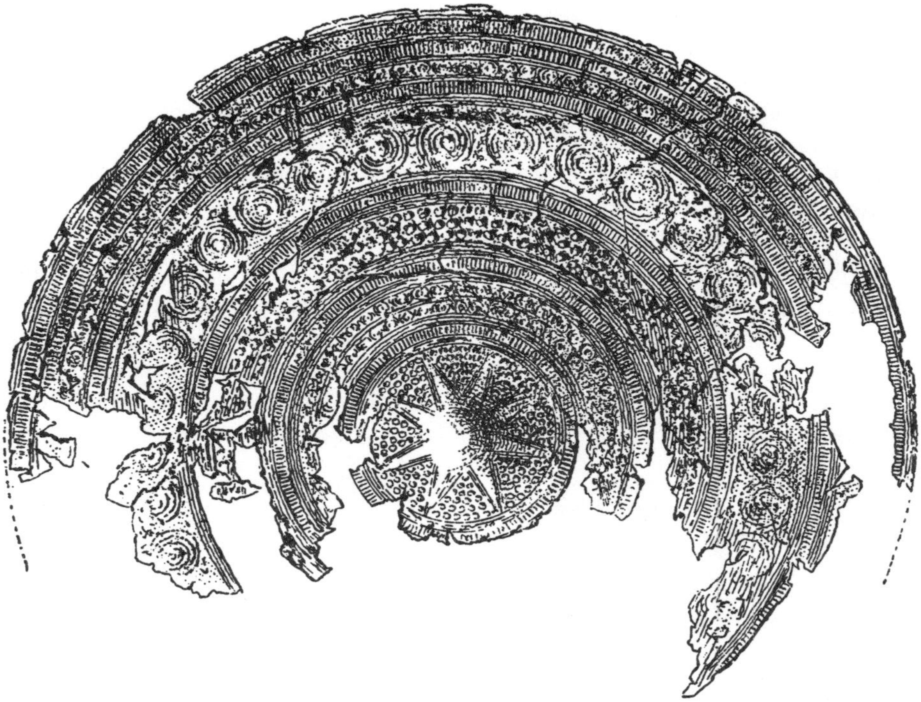

Abb. 19. Goldscheibe auf Bronzeunterlage von Jägersborg bei Kopenhagen.
(Aus Kossinna: Der germanische Goldreichtum in der Bronzezeit. Mannusbibl. Nr. 12.)

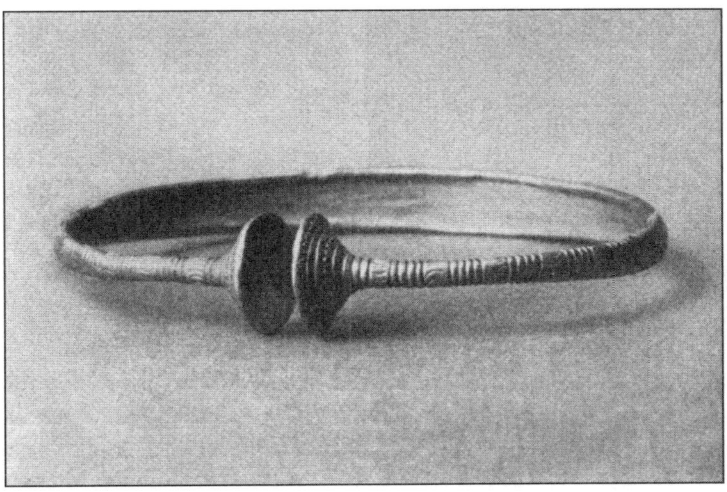

Abb. 20. Goldener Armring von Altrüdnitz, Kr. Königsberg in der Neumark.
(Aus Mannus, Zeitschr. f. Vorgesch.)

derselben Form aus Bronze mit Tonkern und Goldbelag gesichert; ebenso erscheint das Schwert auf Felsenzeichnungen in symbolischer Bedeutung. Goldbelegte Scheiben, die in einigen Männergräbern der Bronzezeit gefunden wurden, sind als priesterliche Abzeichen erklärt (Abb. 19). Auch dem Faltstuhl als Grabbeigabe in dieser Zeit mag eine besondere Bedeutung zukommen (Abb. 18)[1]. Goldene Armreifen weisen vielleicht nicht nur auf die Wohlhabenheit der Träger, sondern haben zum Teil eine besondere Bedeutung, da sie oft als „Weihegaben" auftreten (Abb. 20). Das Hermelin ist als Tier des Königs schon in dem bronzezeitlichen „Königsgrabe" von Seddin, Westprignitz nachzuweisen (siehe S. 82)[2].

Die zwei früheisenzeitlichen Wagen mit Stuhlsitz vom Deibjergmoor in Jütland (Abb. 21) haben als Götter- oder als Königswagen gedient; für die zweite Deutung sprechen die Reste eines weiteren derartigen Wagens, der einem Verstorbenen mitgegeben war; er wurde auf dem Gräberfelde der Langaa-Feldmark im südöstlichen Fünen in einem Bronzekessel gefunden.

Aus geschichtlichen Quellen sei noch als Abzeichen hinzugefügt, daß der Priester aus dem Cheruskergeschlechte Segimunt eine Kopfbinde trug;

Abb. 21. Wagen der Latènezeit aus dem Deibjergmoor, Jütland. (Aus Mannus, Zeitschr. f. Vorgeschichte.)

ebenso war der Alemannenkönig im 4. Jahrhundert nach Ammianus Marcellinus XVI, 12, 24 durch eine flammend rote Kopfbinde ausgezeichnet.

Beschäftigung. Von den täglichen Gewohnheiten der Germanen hat man sich vielfach in Ausdeutung von Angaben des Tacitus (G. 22) ein falsches Bild gemacht. Handarbeit stand allerdings Fürsten und Edlen nicht an. Wie die Geschlechter lebten die Adeligen und Freien, soweit es ihnen möglich war. Tätigkeit, die Gewandtheit und Mut erforderte, war ihnen recht. So heißt es auch in dem Eddalied von Rig vom Edlen: „Es wuchs dort der Jarl in der Wohnung auf, bald lernt er Schild und Lanze zu schwingen, Bogen zu biegen, zu binden die Sehne, zu schäften den Pfeil, zu schleudern den Wurfspeer, Hunde zu hetzen und Hengste zu reiten, zu schwimmen im Strom und Schwerter zu führen."[3] Die Gefolgsherren suchten mit ihren Gefolgsleuten den Kampf. Eine würdige Friedensbeschäftigung war die Jagd; Pfeilspitze und Bronzeangel finden sich in den Herrengräbern der Bronzezeit. Gern vertrieb man

---

[1]) Vgl. E. Hahn: Zeitschrift für Ethnologie 50, 1918. S. 217.
[2]) Vgl. E. Hahn: a. a. O. S. 218f.
[3]) Nach Übertragung von Gering, die Edda.

die Muße mit Würfelspiel und Brettspiel, wenigstens in der frühgeschichtlichen Zeit, wie gleichermaßen der Bericht des Tacitus (G. 24) und Grabfunde mit Würfeln und Spielsteinen bezeugen. Nur bei besonderen Feiern spielt Trank und Schmauß eine Rolle, „bei Versöhnung von Feinden, Abschluß von Eheverbindungen, Wahl der Häuptlinge, bei Beratungen über Krieg und Frieden" sagt Tacitus; wir können noch nach späteren Überlieferungen die großen Feste des Jahres hinzufügen. Trinkhörner und andere Trinkgefäße, Kessel für Weinbereitung, Weinschöpfer und Seihgefäße sind in Gräbern der frühgeschichtlichen Zeit nicht selten.

Das Herstellen von Waffen und Jagdgerät verschmähten nach dem Lied von Rig auch die Edlen nicht. Das Handwerk als Beruf war indes nicht so angesehen; Schmiede waren wohl mehr körperlich Untüchtige, die wegen eines Gebrechens zum Waffenführen nicht geeignet waren. Gerade dieses Handwerk wurde öfters von Freien ausgeübt; in dem genannten Eddalied ist ein Sohn des Freien Schmied. Mitunter findet sich eisernes Handwerkszeug in ostgermanischen Gräbern zu Beginn der geschichtlichen Zeit, ferner fehlt es auch nicht in Gräbern der Völkerwanderungszeit; die Bestatteten hier waren gewiß Freie. Die aus dem 5. Jahrhundert nach Chr. stammenden goldenen Hörner mit religiösen Darstellungen von Gallehus bei Tondern sind von einem Freien, dem Hleivagastir aus dem Geschlechte der Holtingar angefertigt, wie die Aufschrift in Runen besagt. Andererseits vermißt man Gießergerät und Bronzebearbeitungsgerät der „Schmiede" (‚Schmied' eigentlich der kunstvolle Arbeiter, also in der Bronzezeit vor allem der Bronzegießer) in Gräbern der Bronzezeit, trotzdem wir wohl annehmen dürfen, daß auch damals die Arbeiten von Freien angefertigt wurden; wir kennen eben in der älteren Bronzezeit nur die Bestattungen der Vornehmen (siehe S. 79). Auch lag das Handwerk in den Händen von Unfreien und Fremden (siehe S. 89).

Der Vornehme griff selbstverständlich nicht zum Pfluge, von den Haustieren stand ihm das Pferd am nächsten, das als fürstliches Geschenk galt. Was in Feld und Hof zu arbeiten war, wurde von Knechten erledigt. Ausgedehnter Landbesitz, wie er z. B. bei den Kelten bestand, ist aber nicht mit den Höfen der Edlen verbunden gewesen (soweit sich nicht keltischer Einfluß geltend gemacht hatte), auch sie waren der Landverteilung in der Gemeinde unterworfen, wo ihnen allerdings ein größeres Stück zugeteilt wurde. Für ihren Haushalt trugen dazu noch die freiwilligen Abgaben an Vieh und Feldfrüchten bei. Wenn auch die übrigen Hofbesitzer gleichfalls nicht gerne selbst Hand anlegten, sondern, soweit die Großfamilie bestand, die Arbeiten den übrigen Mitgliedern der Familie überließen, so werden bei kleinerem Hausstande doch die Besitzer mit zugegriffen haben. Knechte gab es auf größeren Höfen, doch kann bei den damaligen Wirtschaftsverhältnissen ihre Zahl nicht bedeutend gewesen sein.

W o h n u n g. Es ist bereits gesagt, daß den Germanen das Siedeln in Einzelhöfen eigen war [1]), daß aber auch Dorfsiedelungen wohl unter

[1]) Auch die vornehmen Kelten wohnten in Einzelhöfen.

fremden Einflüssen nicht fehlten. Zu dem Hofe gehörten je nach der Größe des Hauswesens verschiedene Baulichkeiten. Von den frühgeschichtlichen Gehöften Gotlands (siehe S. 67 und Abb. 9), setzen sich die größten aus vier Häusern zusammen; diese waren, nach den skandinavischen Verhältnissen im Mittelalter zu schließen, die Halle, das Schlafhaus, das Herdhaus und der Speicher. In kleineren Anwesen konnten natürlich besondere Gebäude für bestimmte Zwecke wegfallen, so daß die kleinsten Gehöfte nur aus einem Hause bestanden. Der Hofraum war durch einen Zaun oder eine Mauer abgegrenzt. Diesen größten Bauernhöfen dürften die Gehöfte der Fürsten und Könige etwa geglichen haben. Noch die mittelalterliche Königshalle erinnert an die Hallen frühgeschichtlicher Bauern in Skandinavien. In den Dorfsiedelungen der Germanen im heutigen Deutschland waren aber doch die Häuser nach den Bodenfunden von kleineren Ausmaßen, ähnlich den keltischen dieser Zeit. Über die vorgeschichtlichen Dorfanlagen der Kelten und Vorkelten in Süddeutschland mit größerem Häuptlingsgehöft und kleinerem Anwesen sind wir besser unterrichtet als über die des germanischen Gebietes; besonders zu erwähnen ist hier die große Dorfanlage der Bronzezeit von Buch bei Berlin, die allerdings stark unter Einfluß der illyrischen Südostnachbarn der Germanen steht. Unter den zahlreichen Häusern hebt sich eine bedeutend größere Halle heraus, neben der acht Hütten in einer Reihe angeordnet sind. Vielleicht war es des Sitz des Dorfvorstehers mit seinem Gesinde.

Reichtum und Ansehen nach den Bodenfunden. Die Zeugnisse vorgeschichtlicher Kultur, die sich im Erdboden erhalten haben, gehören meist der herrschenden Bevölkerung an, insbesondere gilt es von den Grabanlagen, die nicht so leicht zu übersehen sind und daher die Hauptquelle unserer Kenntnis der Vorzeit bilden.

Die Sorge um den Toten hat von jeher Menschengeist beschäftigt, je nach Vermögen der Angehörigen ist versucht worden, die Gunst des Toten zu sichern; der im Leben gewaltig war, wurde auch im Tode geehrt. So geben im besonderen Maße die Gräber über die gesellschaftlichen Verhältnisse Aufschluß, wenn auch nicht in allen Zeiten gleichmäßig; Reichtum und Ansehen ist unmittelbar aus ihnen zu erschließen.

Im älteren Abschnitte der Bronzezeit, d. h. etwa in der ersten Hälfte des zweiten Jahrtausends vor Chr., lebte noch die steinzeitliche Sitte fort, alle die Dinge, die persönliches Eigentum des Menschen waren, seine Waffen, seinen Schmuck, in das Grab zu legen; nach den Händen, die der Familie des Toten zur Hilfeleistung zur Verfügung standen, konnte die Grabanlage hergerichtet werden. Wenn nun in dieser Zeit weniger Frauengräber als Männergräber nachzuweisen sind [1]), so geht daraus hervor, daß wir überhaupt nur zum Teil die Bestattungen selbst der Volkszugehörigen kennen, von den Unfreien und Unteren ganz zu schweigen. Es sind uns so die Gräber nur der Begüterten erhalten geblieben; wo nicht Steinkammern, Steinpackungen und

---

[1]) Schulz: Die germanische Familie in der Vorzeit. S. 15.

Hügel erbaut waren, wo nicht der Tote Metallbeigaben mit sich führte, da ist das Grab für uns verloren gegangen.

Unter den Gräbern, die durch die Beigaben als bronzezeitlich erkannt sind, herrschte zu Beginn der Bronzezeit kein bedeutender Unterschied in der Ausstattung; allerdings sind auch jetzt reicher ausgestattete festzustellen, etwa Männergräber mit Goldspiralen, Frauengräber mit reicherem Schmuck. Doch es besteht zwischen den verschiedenen Bestattungen keine große Kluft in der Ausstattung, und die ärmlichst ausgestatteten führen hinüber zu den nicht mehr feststellbaren Gräbern ohne Beigabe. Anders liegen dagegen in derselben Zeit, um hier einen Vergleich anzuführen, die Verhältnisse außerhalb des Germanengebiets in Mitteldeutschland, wo die aus einer nordischen Kultur der jüngeren Steinzeit hervorgegangenen Aunjetitzer Kultur herrschte. In Thüringen erhoben sich einige gewaltige Grabhügel, deren Kern einen sorg-

Abb. 22. Grabhügelgruppe der Bronzezeit, Jütland.
(Aus S. Müller, Nordische Altertumskunde.)

fältig gefügten Holzbau enthält, in dem die mit Beigaben, darunter auch Goldschmuck, ausgestattete Leiche ruht (Helmsdorf, Mansfelder Seekr. Leubingen, Kr. Eckartsberga). Die meisten Gräber dieser Kultur sind einfache Erdbestattungen, die nur wenige Bronzegeräte als Beigabe führen. Hier sind bedeutende Unterschiede des Besitzes und des Ansehens zu erkennen. — Im Germanengebiet sind aus der zweiten Periode der Bronzezeit, in der die Ausstattung der Gräber im allgemeinen reicher wird, als Zeichen des Besitztums und vielleicht auch der Stellung des Verstorbenen der Klappstuhl mit Bronzebeschlägen, ferner goldene Scheiben, die als Sonnensymbole gedeutet worden sind, hervorzuheben (siehe S. 76). Bei einigen Frauengräbern spricht neben reichlichem Schmuck auch das Vorkommen von eingeführten blauen Glasperlen für größeren Reichtum; auch manches Zusatzstück zur Frauentracht — wie in dem Grab von Borum-Eshöi in Dänemark das sehr fein gearbeitete Haarnetz, der sorgsam zweifarbig hergestellte Gürtel, in anderen Gräbern Gürtel mit Fransenschmuck, die mit Bronzeröhrchen umwickelt sind — wird nur von vornehmen Frauen getragen worden sein. Die Bildwerke an der Innenseite der Grabsteinplatten des Grabes von Kivik in Schonen, das möglicherweise die Bestattung eines Priesters oder Priesterkönigs enthielt (Abb. 2, 3, 17), und von Anderlingen Kr. Bremervörde lassen auf Stellung des Verstorbenen schließen. Aus der Grabkammer von Kivik sind die Beifunde nicht bekannt; wenn aber die Ausstattung des Grabes von Anderlingen — Bronzedolch, Bronzebeil und Bronzegewandhafte — nicht durch ganz besondere Reichhaltigkeit hervorragt, ist das wohl ein Zeichen, daß auch angesehene Männer damals nicht außergewöhnliche Reichtümer besessen haben. Sehr reiche Grabausstattungen sind dagegen aus der Periode III der Bronzezeit bekannt. Besonders die Gegend von Bornhöved in Holstein war gewiß der Sitz einer wohlhabenden Sippe. In einem 7 m hohen Grabhügel barg das Mittelgrab verbrannte Menschenknochen und eine Goldfibel; bei einer Nachbestattung einer männlichen Person fanden sich ein Schwert, zwei Doppelknöpfe, ein Messer, ein Rasiermesser, ein Pfriem, ein Meißel, ein Dreispitz, zwei Nadeln aus Bronze, ein Armring und eine Schale aus Gold, ferner eine mit rundem Golddraht umwickelte Zinnscheibe, vier Stück dreikantigen Golddrahtes, sechs kleine Goldspiralröllchen vom Mantelbesatz, ein Stück Roteisenstein und Tonscherben. Das reichste Frauengrab desselben Ortes enthielt drei Halsringe, eine Halsberge, drei Fibeln, eine Nadel, sechs Armringe, Buckelchen, ein Messer, einen Pfriem, eine Dose aus Bronze, zwei Spiralen aus Gold und ein Tongefäß. In dem „Königsberg" von Peckatel bei Schwerin, der 3 Bestattungen barg, war die reichste mit Schwert, Beil, Messer, Pfeilspitze, einem Kesselwagen aus Bronze und einem goldenen Armring ausgestattet. Während das Grab von Gönnebeck das einzigste ist, das eine Goldschale enthielt, haben sich goldene Armringe oft in Männergräbern gefunden, sie fehlen aber in Frauengräbern, in denen als Goldschmuck nur hin und wieder kleine Goldringe auftreten. Goldröhrchen als Kleiderbesatz, wie sie in Gönnebeck gefunden wurden, enthalten auch einige andere Männergräber. Im allgemeinen ist in dieser Zeit eine Zunahme des Reichtums zu erkennen, die Bronze wird reichlicher verwandt, die Geräteformen sind mannigfaltiger, die Ausstattungen üppiger. Als Schmuck treten fremdländische Glasperlen mehrfach auf. Besonders das Gold wird im Laufe der Zeit öfters zu Schmuck und Gefäßen verarbeitet. Doch gleichzeitig kann auch aus dem Gräberinhalt eine Zunahme der Besitzunterschiede festgestellt werden.

Für die jüngere Bronzezeit ist der Versuch, aus Grabbeigaben den Reichtum der Besitzer festzustellen, meist nicht mehr möglich, dagegen mögen einige der „Schatzfunde" dieser Zeit für den Jenseitsgebrauch bestimmt gewesen sein. Wohl sind Unterschiede in Grabherrichtung und Grabbeigaben vorhanden; doch nach und nach wird weniger Sorgfalt auf die Grabanlage verwandt. Die Leichenbrandurnen werden in größerer Zahl in einem Hügel untergebracht, oder ältere Hügel werden zu Nachbestattungen benutzt; die Hügel werden kleiner, oder die Gräber sind in den Boden gesenkt, ohne daß jetzt noch ein Erdaufwurf darüber kenntlich ist, und zu Urnenfriedhöfen vereinigt. Mit der Vereinfachung geht eine Zunahme der

Zahl der erkennbaren Bestattungen zusammen; in den Urnenhügeln und Urnengräberfeldern, die von jetzt ab bis in die frühgeschichtliche Zeit herrschen, haben wir die Bestattungen der Gesamtheit des Volkes. Beigaben folgen den Toten nur mitunter in das Grab. Doch auch noch in dieser Zeit liegen zwei Grabanlagen vor, die auf besonderes Ansehen der Bestatteten schließen lassen. Das eine ist der sogenannte König-Björns-Hügel bei Håga unweit Upsala aus der Periode IV der Bronzezeit. Er hatte einen Durchmesser von 43 bis 49 m und eine Höhe von 8,75 m. Der Fuß war mit einem Steinkranz umgeben. Die von einem starken Erdmantel aus Rasenplacken überdeckte Steinlage barg tief im Innern einen von Eichenbaumstämmen überbauten Eichenbaumsarg von 3—4 m Länge. In dem Sarge lag der Leichenbrand eines schlanken, feinknochigen Mannes in mittleren Jahren, außerdem fanden sich ein Bronzeschwert mit goldbelegten Knauf und Griffseiten, 30 Goldnieten, die zum Teil zum Schwerte gehören, eine Bronzefibel mit Goldbelag, Bronzeknöpfe, mehrere feine röhrenförmige Spiralen aus Golddraht, die an der Kleidung befestigt gewesen sind, drei kleine Bronzespiralen, ein Bronzerasiermesser, dessen Griff mit Golddraht umwickelt ist, ein zweites Bronzerasiermesser, zwei Bronzepinzetten, zwei kleine bronzene Anhänger, zwei kleine Bronzefragmente, Harzstücke und kleine Scherben von groben Tongefäßen. Der Hügelmantel enthielt zahlreiche verbrannte Knochenhäufchen, ferner unverbrannte Tierknochen, besonders von Rind und Schaf, aber auch von Hund, Schwein, Pferd, Ziege, Fuchs, Hase, Eichhörnchen, Reh, Gans und Gräten vom Hecht. Verstreut fanden sich einige Menschenknochen, die von mindestens drei Personen, zwei Männern und einer Frau stammen. So liegt hoch im Norden des Germanengebietes diese vereinzelte Bestattung in einer Gegend, die sonst nur wenige dürftige Funde dieser Zeit geliefert hat, an einem Orte, der über 1500 Jahre später der Sitz des Königsgeschlechtes der Ynglinger war. Ähnliche Goldsachen sind in Schweden nur vereinzelt, häufiger in Gräbern von Seeland, Fünen und Falster gefunden worden; mit diesem Kerngebiet der Germanen muß der Bestattete trotz der einsamen Lage seiner Besitzung in enger Verbindung gestanden haben. Das zweite Grab, jünger als der Hügel von Håga, ist das Königsgrab von Seddin in der Westprignitz aus der V. Periode der Bronzezeit. Dieser gewaltigste Grabhügel Deutschlands, aus Steinblöcken errichtet, hat eine Höhe von 11 m. Die Steine umschlossen eine Steinkammer, die als falsches Gewölbe gebaut war; die Wände trugen einen gelblichen Verputz mit roten Streifen. In der Steinkammer stand eine große, mit einem Deckel versehene Tonurne, die eine Bronzeurne italischer Herkunft barg. Die Bronzeurne enthielt den Leichenbrand eines 30—40 Jahre alten Mannes und den Unterkiefer eines Hermelins. Unterhalb der Bronzeurne lagen ein Halsschmuck aus Glas- und Emailperlen und Bronzespiralröllchen, eine Tüllenaxt, ein Meißel, ein Messer, ein Rasiermesser, eine Lanzette und ein Schwert aus Bronze. Neben der großen Urne standen zwei weitere Urnen; die eine mit Deckel enthielt den Leichenbrand einer Frau in den zwanziger Jahren, die zweite den Leichenbrand einer jugendlichen Person vielleicht weiblichen

Geschlechts. Diese beiden waren also dem Toten in das Grab gefolgt. Außerdem wurden ein Halsring, ein Armring, Spiralringe, ein Kamm, zwei Doppelknöpfe, zwei einfache Ringe, ein Beschlagstück, ein Knebel und das hakenförmige Ende eines Ringes aus Bronze gefunden. Im Gegensatz zu

Abb. 23. Inhalt des „Königsgrabes" von Seddin, Westprignitz.
(Aus Mannus, Zeitschr. f. Vorgesch.)

der Gegend von Håga ist die Westprignitz sehr reich an Grabstätten dieser Zeit. Viele kleinere und auch größere Grabhügel sind dort bereits zerstört. Die Hügelgräber sind für die Zeit zum Teil reich ausgestattet. 20 km südwestlich von Seddin liegt eine größere Gruppe von Grabhügeln, deren Steinkammern zum Teil wie die des Königsgrabes gebaut waren.

Einer dieser Hügel enthielt eine „Türurne", eine Kanne, Antennenschwert, Tüllenaxt, Messer und Pinzette aus Bronze, den gegossenen Randteil eines Bronzegefäßes und ein kleines Tongefäß. Zu den Hügelgräbern kommen hier noch zahlreiche Flachgräberfelder; selbst in einigen dieser Gräber sind die Beigaben reicher. Für den Schluß der Bronzezeit ist nach diesen Befunden in der Seddiner Gegend ein kultureller Mittelpunkt anzunehmen. Indes steht hier nicht das Königsgrab, so reich es auch ist, im Gegensatz zu den übrigen Gräbern, sondern sie ist die großartigste unter gleichartigen Bestattungen mit gleichartigen Beigaben.

Eine Abwechselung in die gleichförmigen Urnengräber der ausgehenden Bronzezeit und der frühen Eisenzeit bringen die „Hausurnen" und „Türurnen", die von Südskandinavien bis nach Mitteldeutschland verbreitet sind. Die Hausurnen kommen durchweg nur vereinzelt vor, bis zu vier auf einem Gräberfeld. Während sich die Grabgefäße vielfach nicht von dem Gebrauchsgeschirr unterscheiden, liegen hier sichtlich Gefäße vor, die für den Grabgebrauch hergestellt sind und dem Gedanken Rechnung tragen, daß der Tote in einem Hause wohnen solle. Diese Bestattung ist aber nur wenigen zuteil geworden und läßt auch für die Zeit, in der die Grabfelder gleichmäßig nüchtern erscheinen, das Hervortreten einzelner Personen aus der Gesamtzahl erkennen. Dasselbe gilt für die „Gesichtsurnen", die als menschliche Körper mit Betonung des Gesichtes gebildet sind und in der frühen Eisenzeit zunächst im Weichselmündungsgebiet, dann vor allem die Weichsel aufwärts bis Schlesien in Steinkisten vereint mit anderen Urnen als Leichenbrandbehälter gefunden werden. An einigen Gesichtsurnen und verwandten Gefäßen sind Waffen, Pferde, Reiter, Wagen dargestellt (Abb. 24), andere tragen Ohrgehänge, umgelegte oder in Zeichnung wiedergegebene Halsringe und Darstellungen von Gewandnadeln, erstere deuten auf eine männliche, letztere auf eine weibliche Bestattung; die auf den Urnen eingeritzten Tier- und Menschenfiguren könnten als Ersatz für Mitopferung aufgefaßt werden. Waffenmitgabe ist in der vorrömischen Eisenzeit bis zum letzten Jahrhundert vor Chr. überaus selten. Ein Grab von Billerbeck, Kr. Pyritz, aus der beginnenden Eisenzeit, das unter einem großen Steinhügel ein Skelett mit zwei Eisenschwertern barg, bildet eine bemerkenswerte Ausnahme. Dasselbe gilt für die Mitgabe von Wagenbestandteilen in einem Grabe des latènezeitlichen Brandgrubengräberfeldes von Langaa-Feldmark auf Fünen. Die geringen Unterschiede in der Ausstattung der einzelnen Gräber stehen im auffallenden Gegensatz zu den Verhältnissen im südwestdeutschen Keltengebiete. Hier finden wir außer den üblichen Bestattungen gewaltige Grabhügel mit sorgfältigen Holzeinbauten und reicher Ausstattung von Mann und Frau. Öfters ist in derartigen Grabstätten ein Wagen mitgegeben worden. Wie im frühbronzezeitlichen Aunjetitzer Kreise Mitteldeutschlands bestehen auch hier wieder bedeutende Unterschiede in der Grabanlage und Ausstattung.

Soweit bei den Germanen in der frühgeschichtlichen Zeit, seit dem letzten Jahrhundert vor Chr., Beigaben wieder zunehmen, gestatten diese mitunter einen Schluß auf die Stellung des Toten. Doch im allgemeinen gilt auch jetzt für die Germanen die Angabe des Tacitus G. 27, daß sie auf prunkvolle Leichenbegängnisse keinen Wert legen, für manche Germanenstämme auch, so besonders für Sweben am Rhein und in Mitteldeutschland, weiter für ostgermanische Völker, daß sie die Waffen den Kriegern in das Grab legten (siehe Karte 2). Im Lande der Vangionen fand sich bei Heppenheim bei Worms neben geringer ausgestatteten Gräbern ein reiches Grab, das acht Gefäße, ein Schwert, eine Lanze, eine große Schere, ein Messer, eine Pinzette, ein Rasiermesser, sechs eiserne Fibeln, eine Bronzefibel, eine Bronzenadel, einen Bronzearmring und eine große Perle enthielt. Die verbrannten Knochen hier stammten von einem Mann und einer Frau. In dem Gräberfelde von Körchow in Mecklenburg liegen die Waffengräber vielfach in Gruppen; die reihenweise angeordneten Urnen aber enthielten im allgemeinen weniger Beigaben, so daß man hier an Bestattung ärmerer Bevölkerung oder an Frauengräber — wenn auch charakteristische Frauenbeigaben fehlen — gedacht hat. Doch es darf aus dem Fehlen einzelner Bestandteile der Bewaffnung nicht auf die Ausrüstung des Verstorbenen geschlossen werden, da in manchen Fällen dem Toten gewiß nicht seine gesamte Bewaffnung mitgegeben wurde. Es sind z. B. Fälle bekannt, daß zwischen dem Leichenbrande nur der Schildbuckel oder gar nur die Schildfessel oder einzelne Schildbeschläge, selbst nur ein Schildnagel lag. Bei reicher ausgestatteten Toten findet sich öfters ein Sporn, ein Zeichen, daß der Krieger beritten war, ganz ausnahmsweise eine Brünne. Trinkgeschirr, wie Trinkhorn, Sieb und Schöpfgefäß für Weingenuß, ist nicht selten, es fehlen auch nicht Würfel und Spielsteine. Manche Gräber sind sehr reich mit derartigem Gerät aus Bronze oder Glas römischer Herkunft ausgestattet. Diese reichen Gräber liegen vereinzelt oder zu kleineren Gruppen vereint, mitunter haben sie gerade die abweichende Sitte der brandlosen Beerdigung; als „Römergräber" sind sie mit Unrecht bezeichnet worden, doch sind sie gewiß die Bestattungen vornehmer Personen, die fremdes Geschirr erworben oder als Geschenk erhalten hatten. Besonders im Ostseegebiet und im östlichen Deutschland sind diese reich ausgestatteten Gräber aufgedeckt. Es sind Funde zu nennen, wie der von der Brokjaer Feldmark, Bezirk Ribe, Jütland: in einem Bronzekessel ein römisches Schwert, eine Ringbrünne, Sporen, Messer, Schere, Goldfingerring, ein zusammengeschlagenes Bronzegefäß, Teile mehrerer römischer Gefäße, Bruchstücke von Sieb und Schöpfgefäß, Kammbruchstücke, Nadel aus Bein, Spielsteine, Würfel u. a. Ferner der Fund von Espe, A. Svendborg, Fünen (Abb. 25): eine große Bronzekasserole, ein Bronzeschöpfgefäß, zwei schöne Glasschalen, zwei Trinkhörner, ein kleiner Tonbecher, Bruchstücke von Tongefäßen, ein Eisenmesser, eine bronzene Riemenschnalle,

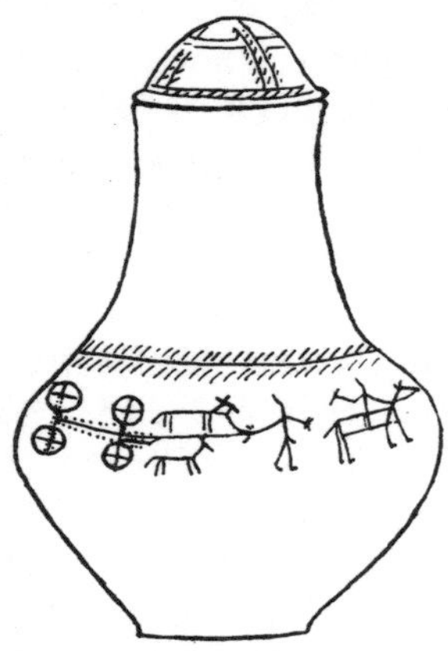

Abb. 24. Leichenbrandurnen von Darslub, Kr. Putzig. (Nach Conwentz, bildliche Darstellungen auf westpreußischen Gräberurnen.)

eine silberne und eine bronzene Fibel, ein goldener Anhänger, Glas- und Bernsteinperlen, eine in Bronzebändern gefaßte versteinerte Muschel, die als Halsschmuck getragen worden ist. In Deutschland sei als hervorragendstes Grab dieser Zeit das von Wichulla, Kr. Oppeln angeführt aus dem Lande der Wandilier, die zu den Germanen des Ostseegebiets in verwandtschaftlicher

Abb. 25. Fund von Espe, A. Swendborg, Fünen. 1. Jahrh. n. Chr. (Aus S. Müller, Nordische Altertumskunde.)

Beziehung standen. Es sind aus diesem Grabe erhalten ein silberner, zum Teil vergoldeter, mit getriebenen Figuren reich verzierter Becher, zwei Bronzeeimer, eine Bronzeschüssel, eine Bronzekasserole, Bronzeschöpfkelle und Bronzesieb römischer Herkunft, Bronzebeschlag eines Trinkhorns, Bronzemesser und Bronzeschere.

In der jüngeren römischen Zeit und in der Völkerwanderungszeit tritt in noch höherem Grade der Reichtum einzelner Grabausstattungen hervor, Reichtum und die Macht einzelner Geschlechter erhöht sich. Die Gräber, zu denen im alten Germanenlande besonders Bestattungen auf der Insel Seeland, in Mitteldeutschland das Grab von Haßleben in Thüringen, in Schlesien die Gräber von Sackrau bei Breslau gehören, geben ein Bild von der Prunkentfaltung der fürstlichen Familien dieser Zeit.

Abb. 26. In Eichenlaub gebettetes Bronzebecken, das in Leinwand gehüllt den Leichenbrand birgt. Barnstorf, Kr. Diepholz, Hannover. 3. Jahrh. nach Chr. (Vgl. Jahrbuch der Prov.-Mus. Hannover 1910/11.)

Abb. 27. Köhlerköte im Vogler.
Aus H. Stille, Das Weserbergland und der Teutoburger Wald. (Monographien zur Erdkunde 24.)

Unfreie und Fremde.

Außerhalb des Volkes der Germanen stehen die Unfreien und auch die Fremden, die als Unterschicht zwischen den Germanen hausten.

Die Entwicklung im Mittelalter, der Übergang vom Germanentum zum Deutschtum insbesondere, rechtfertigt es, daß diese Leute hier nicht übergangen werden.

Unfreie. Eine unüberbrückbare Kluft trennt das Volk von den Unfreien, servi bei Tacitus), die auch nicht durch Freilassen zur Volksgemeinschaft aufsteigen können. Sie waren und blieben „ungeschlacht", ohne Geschlecht. Es fehlten die Voraussetzungen, die für Zugehörige des Volkes selbstverständlich waren.

Die Unfreien sind Eigentum ihres Dienstherrn, der über sie vollständig verfügen kann wie über Sachen. Ihre Tötung bleibt ungesühnt (Tacitus G. 25). Doch ist auch nach Tacitus ihre Lage nicht so schlecht, wie es auf den ersten Blick scheinen könnte; Züchtigung der Knechte sei selten, Tötung geschieht wohl im Jähzorn. Die Kinder der Knechte wachsen zwischen denen des Herrn heran.

Tacitus berichtet, daß die Hörigen ihre eigenen Köten bewohnen; die Verpflichtung ihren Herren gegenüber bestände in Abgabe von Getreide, Vieh, Gewändern. Die Zahl dieser Hintersassen, die nur die vornehmen Familien besaßen, ist nicht allzu hoch zu veranschlagen. Häusliche Bediente erwähnt Tacitus überhaupt nicht; Seneca erzählt dagegen einmal, daß in der Schlacht im Teutoburger Walde gefangene Römer bei vornehmen Germanen als Türhüter und Hirten dienten.

Die Unfreien sind nun sehr verschiedener Herkunft. Es finden sich unter ihnen heruntergesunkene Volksgenossen. Nach Tacitus G. 24 kam es wohl vor, daß Germanen im Eifer ihre Freiheit verspielten, um sich dann von dem Gewinner in die Fremde verkaufen zu lassen. Immerhin wird man auch daraus schließen können, daß das Los jener, die ihre Freiheit freiwillig aufgaben, nicht gar so schlecht gewesen sein kann. Daß auch Kriegsgefangene zu Dienst verwandt wurden, hörten wir oben, doch wurden Kampfesgegner im allgemeinen getötet oder nach dem Kampfe den Göttern geopfert.

Zu allen Zeiten hat man die im Lande oder in der Nachbarschaft hausenden Menschen niederen Volkstums sich dienstbar gemacht. Darauf beruht der Volksname der „Slawen" (= Sklaven), der von den Germanen geprägt wurde. Althochdeutsch walah, angelsächsisch wealh bezeichnet den Knecht, der ursprüngliche Sinn aber war der Welsche, der Kelte (nach den den Germanen in vorgeschichtlicher Zeit südlich benachbarten keltischen Volskern).

Unfreie lassen sich naturgemäß in vorgeschichtlichen Funden nur ausnahmsweise nachweisen; eine regelrechte Bestattung haben sie nicht gefunden. Wohl begleiteten sie mitunter ihren Herrn im Tode; sie nahmen damit an dessen Jenseitsleben teil. Menschen folgten außer Tieren z. B. dem jungen Herrn, der in dem Bronzezeithügel von Håga bei Upsala ruht (siehe S. 81); ebenso fand man in einem Grabe der älteren Bronzezeit von Schwaan in Mecklenburg unter der Beerdigung Gebeine von Pferden und acht menschliche Skelette in Hocklage.

Die alten, volkstümlichen Verhältnisse sind durchbrochen, wenn in frühgeschichtlicher Zeit in Königsstaaten Freigelassene des Königs die Freien und Vornehmen an Einfluß übersteigen (Tacitus G. 25). Es liegen hier die Anfänge des Beamtenadels vor (siehe S. 91).

Fremde. Das Vorhandensein von Resten älterer Bevölkerung unter den Germanen ist aus verschiedenen Gründen anzunehmen. Archäologisch sind allerdings diese Unterschichten nur schwer zu fassen, da ihre Kultur ärmlich war; ausgestattete Gräber, die ja vor allem uns die Kenntnis vorgeschichtlicher Kulturen vermitteln, mögen nicht vorhanden gewesen sein [1]).

In den Jahrtausenden, die zwischen dem Ende der Vereisung Nordeuropas und dem Aufblühen von Herrenkulturen in der jüngeren Steinzeit liegen, sind nach Nordeuropa immer wieder Jägerhorden eingeströmt, deren Kulturen mit älteren Kulturen der auch während der Eiszeiten eisfreien Länder in Zusammenhang stehen. Wir sehen daraus, daß schon diese ältesten Bewohner des Nordens verschiedener Herkunft waren.

Im Laufe der jüngeren Steinzeit erwachsen im Norden zwei hervorragendere Kulturen, die der Steinblockgräber und die der Einzelgräber, deren Träger gewiß Herrenvölker waren, während eine niedere Kultur in die unwirtlichen und abgelegenen Gegenden abgedrängt wird, wo sie sich weiter entfaltet (arktische Kultur). Zum Teil ist das Gebiet der arktischen Kultur später von der germanischen Kultur der Bronzezeit überdeckt worden und

---

[1]) So auch Kossinna: Mannus 4, 1912. S. 177.

gehört mit zum bronzezeitlichen Kerngebiete der Germanen. Ob die Bevölkerung dieser arktischen Kultur in der germanischen aufgegangen ist, ob sie als Unterschicht weitergelebt hat, wissen wir nicht. Es ist aber jedenfalls mit der Möglichkeit zu rechnen, daß selbst im Kerngebiet der Germanen wenn auch nicht in das Gewicht fallende Unterschichten bestanden, seien sie nun die Träger der arktischen Kultur oder seien sie auch überhaupt bisher noch nicht nachgewiesen [1]).

Die Ausbreitung der Germanen während der Bronzezeit und der Eisenzeit führte in Deutschland zu Auseinandersetzungen mit ursprünglich verwandten Herrenvölkern, deren Kulturen sich in Ostdeutschland einerseits, in Mittel- und Westdeutschland andererseits ausgebreitet hatten. In Ostdeutschland ist es ein Volk, das man mit guten Gründen der illyrischen Gruppe zuzählt (Kossinna), in Mittel- und Westdeutschland sind es in den letzten Jahrhunderten vor allem die Kelten. In Mitteleuropa, das bessere Lebensbedingungen bot, ist in noch viel stärkerem Maße mit Überlagerungen zu rechnen, als im höheren Norden. Besonders sind wir unterrichtet, daß Süddeutschland und das Rheingebiet vor der keltischen Zeit eine ganze Anzahl von Völkern mit verschiedenen Sitten aufgenommen hat. Während die illyrische Bevölkerung Ostdeutschlands der Gesamtkultur nach mehr ein friedliches Ackerbauvolk war, scheinen die eigentlichen Kelten den Germanen an Kriegstüchtigkeit nicht nachgestanden zu haben. Kampf zwischen Herrenvölkern führt zur Vernichtung oder zur Auswanderung der Unterlegenen. Seit den letzten Jahrhunderten vor Chr. können wir feststellen, daß die Kelten vor den Germanen durchaus wichen. Sie bildeten nicht ein so einheitliches Herrenvolk und konnten sich daher nicht behaupten. Daß den Stammeskelten nordischer Heldensinn jedoch nicht fehlte, sehen wir zum Beispiel an dem Verzweiflungskampf des Vercingetorix gegen Caesar. Die vorkeltische, den Kelten zugerechnete und auch ihre Sprache redende Unterschicht blieb auf ihren Plätzen oder zog sich in unwirtlichere Gegenden zurück. So enthalten Höhlen des Sauerlands und im Südharz (Einhornhöhle bei Scharzfeld) Skelettgräber nach keltischer oder vorkeltischer Sitte aus einer Zeit, in der die in den fruchtbaren Tälern siedelnden Germanen ihre Toten verbrannten. Ähnliches spielte sich Jahrhunderte früher am Ende der Bronzezeit in Ostdeutschland gegenüber den Illyriern ab, nur daß vielleicht diese Bevölkerung im allgemeinen noch bodenständiger war.

Im deutschen Mittelalter gilt ‚liten' als Bezeichnung für eine Volksklasse, die zwischen Freien und Unfreien steht, im Lande der Sachsen sollen sie aus unterworfenen Thüringern hervorgegangen sein Der Name bedeutet die „Trägen", dadurch sind die unkriegerischen Unterschichten sehr gut gekennzeichnet. Traten sie in Beziehung zu den Herren des Landes, so werden sie als unfreie Kötner das Feld bebaut haben oder vielfach auch als Handwerker für die Herren des Landes gearbeitet haben. So waren

---

[1]) Es mag erwähnt werden, daß in der arktischen „Wohnplatzkultur", auch wo sie selbstständig auftritt, Bestattungen sich sehr selten nur nachweisen lassen.

in der Schmuckarbeit die Kelten besonders geübt, weiter sind bestimmte, auf der Drehscheibe hergestellte Gefäßtypen im germanischen Eroberungsgebiete wohl aus keltischen Töpfereien hervorgegangen. Die germanische Keramik im ostdeutschen Neulande weist in einigen Gegenden, z. B. in Südposen, illyrische Einflüsse auf, so daß man hier gleichfalls an Herstellung der Töpfe durch Unterworfene denken kann. Auch im Bergbau mögen gerade die Fremden tätig gewesen sein. In frühgeschichtlicher Zeit wird mitunter von Tributabgaben fremder Völker berichtet, so der Kotiner und Osen, die in den Karpathen Eisen gewannen, an die swebischen Quaden; der germanischen, allerdings stark keltisierten Ubier an die zu ihnen im starken Gegensatz stehenden kriegerischen Sweben; im Norden der Finnen an die dortigen Germanen.

Volksmischungen sind aber doch nicht völlig ausgeschlossen, wenn sich auch im allgemeinen die Germanen davon freihielten; die Peukiner-Bastarnen, über deren sarmatische Blutsbeimischung Tacitus wohl nach einem germanischen Gewährsmann aburteilend berichtet, sind von ihren germanischen Nachbarn als „Bastarde" bezeichnet, also nicht mehr als Vollgermanen anerkannt. Mit den illyrischen Nachbarn standen die Germanen der Bronzezeit in regem Austausch, so daß in diesen Grenzgebieten friedliches Durchdringen nicht von der Hand zu weisen ist. Friedliches Eindringen von Germanenfamilien ist ferner in der frühen Eisenzeit im Niederrheingebiet festgestellt, so daß sich gerade auch hier keltische Völkerschaften mit germanischem Einschlag bildeten. Ebenso im Saalegebiete scheinen in der frühen Eisenzeit Kelten (oder Vorkelten) und Germanen, vollständig geschieden in ihren Bestattungssitten, friedlich nebeneinander gewohnt zu haben. Man möchte glauben, daß hier eine Lebensgemeinschaft zwischen diesen beiden Völkern bestand, wobei die ersteren anscheinend gerade die Stätten aufgesucht hatten, wo das kostbare Salz zu gewinnen war. Im Laufe der nächsten Jahrhunderte, in der Mitte des letzten Jahrtausends sind diese Kelten in der germanischen Bevölkerung wohl aufgegangen.

Die anders geartete Unterschicht, die scheu zurückgezogen in Wäldern und Gebirgen lebte, erschien unheimlich. Sie kam in den Ruf der Zauberei, wie die Finnen, die in den Wäldern auch Südskandinaviens hausten. Von dem Waldschmied erzählen Märchen und Sagen. „Wieland der Schmied" ist ein Elfenfürst, an anderer Stelle wird er als Sohn eines Finnenkönigs bezeichnet, also galt er als Volksfremder, bei den Zwergen ist er in die Lehre gegangen [1]). Die Zwerge wurden ja besonders als Verfertiger von kunstvollen Arbeiten angesehen. So mögen noch alte Erinnerungen an fremdartige Menschen weiterleben, die im Handwerk geschickt waren, die wohl auch den Erzadern im Gebirge nachgingen.

Anscheinend hat sich eine Wohnungsform ältester vorgermanischer Bevölkerung noch heute in den Köhlerköten des deutschen Mittelgebirges

---

[1]) Schrader: Sprachengleichung und Urgeschichte[3]. 1906. II, 1. S. 13ff. (Der Schmied in Sage und Sprache).

erhalten (Abb. 27) [1]. Die Übereinstimmung mit den Hütten nordosteuropäischer niederer Völker, der cota der Finnen und der Lappen, wird in den alten Beziehungen begründet sein. So scheinen auch nach den vorhandenen Resten die Hütten der steinzeitlichen Bevölkerung „arktischer Kultur" in Schweden ausgesehen zu haben; in Deutschland ist diese Köte in allen vorgeschichtlichen Perioden neben den Häusern, die die Vorformen der heutigen Bauernhäuser sind, nachzuweisen.

Auch zeigt sich uns das Vorhandensein vorgermanischer Bestandteile unter den Germanen des Binnenlandes in dem Werden des deutschen Volkes. Die Veränderungen der germanischen Sprache in der hochdeutschen Lautverschiebung gehen großenteils auf die Übertragung der Sprache auf ungermanische Bestandteile zurück, die im südlichen Deutschland, dem Ausgangsgebiet der hochdeutschen Lautverschiebung, am stärksten waren [2]. Das deutsche Volkstum ist dadurch von dem alten Germanentum unterschieden, daß es aus der Mischung germanischer, vorgermanischer und schließlich jüngerer fremder Bestandteile hervorgegangen ist; das Mischungsverhältnis bedingt Aussehen, Anschauungen, Lebensart der heutigen deutschen „Volksstämme", von denen Friesen und Niedersachsen das Germanentum am reinsten bewahrt haben. Also nicht zuletzt ist es die heutige nicht allein durch Zuwanderung in geschichtlicher Zeit erklärbare Volkszusammensetzung, die für altbodenständige fremde Bestandteile unter den Germanen spricht.

---

[1] Siehe auch K. Rhamm: Die Großhufen der Nordgermanen. Abt. I der ethnologischen Beiträge zur germanisch-slawischen Altertumskunde 1905. S. 46ff., „Die Köte".

[2] S. Feist: Indogermanen und Germanen³. 1924. S. 38ff.

Abb. 28. Wende. Aus dem Sachsenspiegel.
(Nach O. Jaeger, Weltgeschichte. Bd. II.)

Abb. 29. Hohe fränkische Beamte.
Bibel von St. Paolo in Rom. (Aus Lindenschmit, Handbuch der deutschen Altertumskunde.)

Die Stände.

Von Ständen, wie sie für das Mittelalter gelten, kann man bei den Germanen zur Zeit ihres Eintritts in die Geschichte noch nicht sprechen. Doch waren die Keime des mittelalterlichen Ständewesens schon vorhanden.

Wie bemerkt, sind die Adeligen wohl ursprünglich Häupter der Großfamilien, die Freien die übrigen Familienmitglieder, während die Knechte wie auch die Freigelassenen nicht zu dem Volke gehören.

Die vornehmen Geschlechter, die wir nach unserem heutigen Sprachgebrauch als Adel bezeichnen würden, aus denen die Fürsten und Könige gewählt wurden, waren noch nicht streng als Stand geschieden. Wenn allerdings der Fürst Ariovist eine pannonische Edle aus politischen Gründen neben seiner germanischen Frau als gleichstehende Ehefrau nimmt, so zeigt sich darin, daß bereits Standesbewußtsein, Ebenbürtigkeit, über Volksbewußtsein steht.

Neue Einrichtungen brachte schon die Bekanntschaft mit römischen und keltischen Verhältnissen mit sich. Gallien war das Land des Großgrundbesitzes, und wir erfahren bereits von Tacitus hist. 5, 23, daß auch der Bataverkönig Civilis „agri villaeque" sein Eigen nannte. Hand in Hand ging die keltische Verwaltungsart; dem König, der wie sein Land mit keltischem Lehnwort bezeichnet wurde (keltisch rīx, gotisch reiks, dazu auch Reich und reich), standen seine „Beamten" zur Seite, die gleichfalls keltisch benannt waren (lat. = keltisch ambactus); diese Beamten, ursprünglich Diener, Unfreie, gewannen nach Tacitus als Freigelassene des Königs hohen Einfluß im Staate und stiegen auch über die alten Geschlechter empor; die Anfänge des „Dienstadels" liegen hier vor.

So bereitete sich das Ständewesen der Völkerwanderungszeit und des frühen Mittelalters vor. Bei den Sachsen erhob sich der Adel — es sind wohl die Geschlechter der Altsachsen — hoch über die Freien; Ehen zwischen diesen

Ständen waren verboten. Allgemein stand dem Adel ein höheres Wergeld zu; bei den Alemannen und Burgunden wurden nach dem Wergelde weiter zwei Adelsschichten unterschieden, die höhere Schicht sind hier wohl die nobiles des Tacitus, die Fürsten- und Königsgeschlechter. Daneben blüht der Dienstadel auf. Zwischen die Freien und Unfreien schieben sich die Halbfreien oder Liten ein; freigelassene Liten werden zu Freien, freigelassene Unfreie zu Liten. Selbst unter den Unfreien bilden sich Rangstufen aus; ihre Bewertung als Person bahnt sich an. — Die Umschichtungen des Mittelalters zerstören schließlich das alte Blutsbewußtsein. Noch aber spricht es klar im nordischen germanischen Gebiete aus einem Liede der Edda, dem Liede von Rig [1]).

Hier hat ein Dichter nach alten „Erzählungen" die Erschaffung der drei Stände, der Edlen (Jarl), der Freien (Karl) und der Knechte geschildert.

Der Dichter führt die Schaffung sämtlicher drei Stände auf die Gottheit zurück. Rig, der Herrscher, „der wackere, alte, weise Ase, der kühne, rüstige Streiter" wandelt über die Erde. Zunächst tritt er in die Hütte von Ahn und Edda.

„Drauf brachte Edda ein Bübchen zur Welt
seine Haut war gelb, sein Haar war schwarz;
— — — — — — — — — — — — — —
Faltig war ihm das Fell an den Händen,
knotig die Knöchel
grob die Finger und garstig das Antlitz
der Rücken krumm, riesig die Fersen!"

Dieser, Thräl (= Sklave), nahm sich die zuwandernde Magd zum Weib,
„von der Sonne gebräunt, an den Sohlen narbig;
die Nase war platt."

Sie zeugten Kinder,
„sie dünkten die Äcker
zogen Hecken, züchteten Schweine,
Geiße hüteten sie und gruben Torf"
— — — — — — — — — — — — —
„Dorther entstammt der Stand der Knechte".

Rig zog weiter in das Haus von Großvater und Amma
„drauf brachte Amma ein Bübchen zur Welt,
sie netzten's mit Wasser und nannten es Karl;
man band ihn in Windeln, ihm blitzten die Augen,
die Haut war rötlich, das Haar war blond."

Mit der nach bäuerlichen Sitte heimgeführten Braut gewannen sie Kinder:

„Dorther entstammt der Stand der Bauern."

---

[1]) H. Gering: Die Edda. Leipzig und Wien. Bibliograph. Institut. S. 110 ff. Dieser Übertragung sind die metrisch wiedergegebenen Teile entnommen.

Rig begab sich zum Saal von Vater und Mutter.

„Einen Sohn gebar Mutter, den in Seide sie hüllte;
man netzt' ihn mit Wasser; und nannte ihn Jarl;
weiß war sein Haar, die Wangen glänzend,
die Schlangenaugen schleuderten Blitze."

Erna, „des Hersir schneeweiße Tochter mit schlanken Fingern, die einsichtsvolle" führte er heim. Ihrer Söhne jüngster ist Kon ungr (Kon der junge), der spätere König.

Niederer Rasse also ist der Knecht, von anderer Art als der Karl und der Jarl, während sich dieser nur in Verfeinerung der Art und der Lebenshaltung von Karl scheidet. Das Geschlecht der Knechte ist zuerst vorhanden, über dem Geschlecht der freien Bauern aber erhebt sich erst zujüngst das der Edlen, aus dem der König hervorgeht.

Abb. 30. Siegelring des Frankenkönigs Childerich († 481).
(Aus Lindenschmit, Handbuch der deutschen Altertumskunde.)

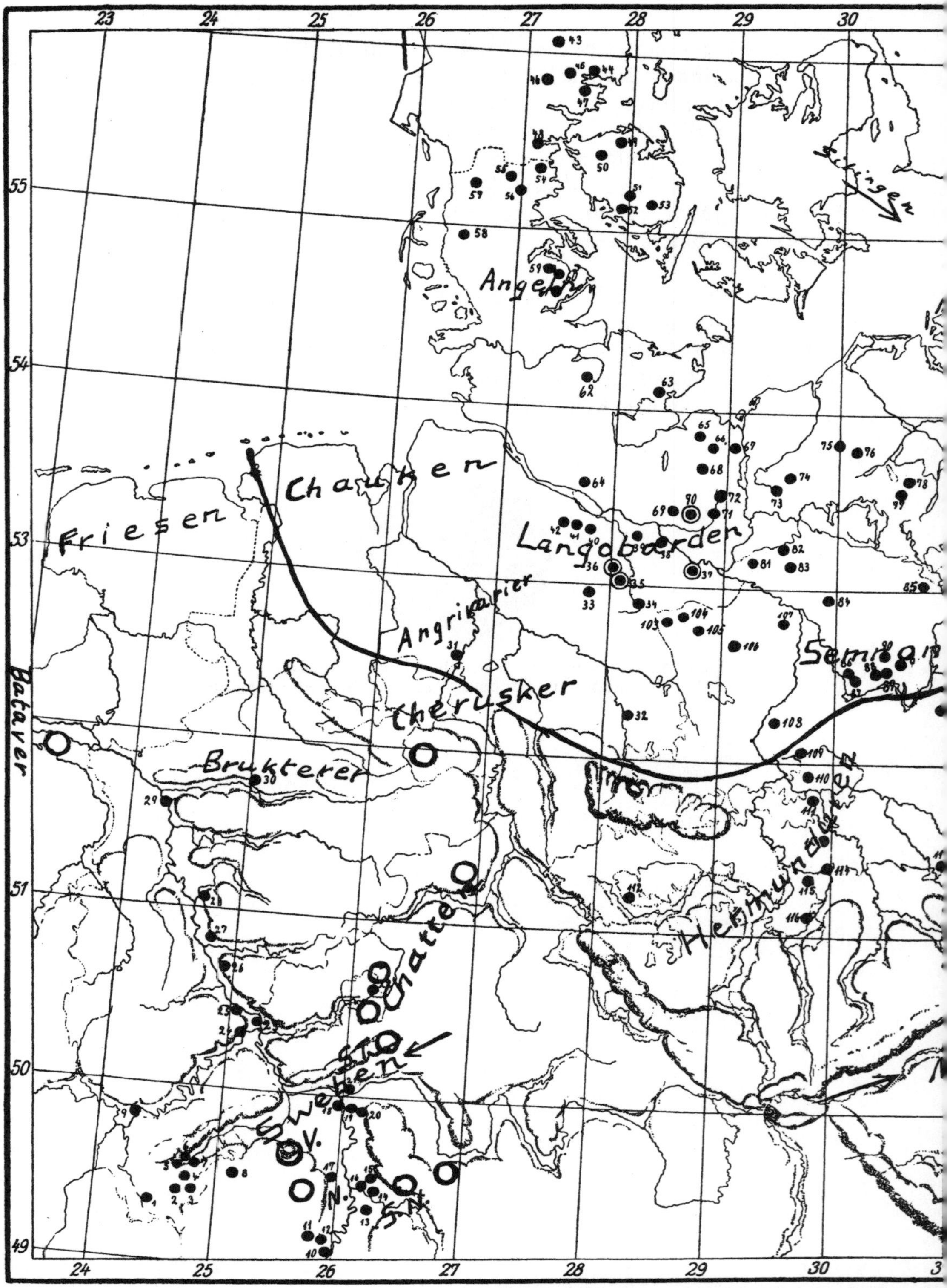

Bedeutendere germanische Völkerschaften um Christi Geburt. Auf Grund
(M. Jahn, Die Bewaffnung der Ger

Erklärung: ● Waffenfund. ◉ Grabfeld mit zahlreichen Waffen. ○ altgermanische Volksburg. ——— Gre
Abkürzungen im Swebengebiet: N = Nemeter.

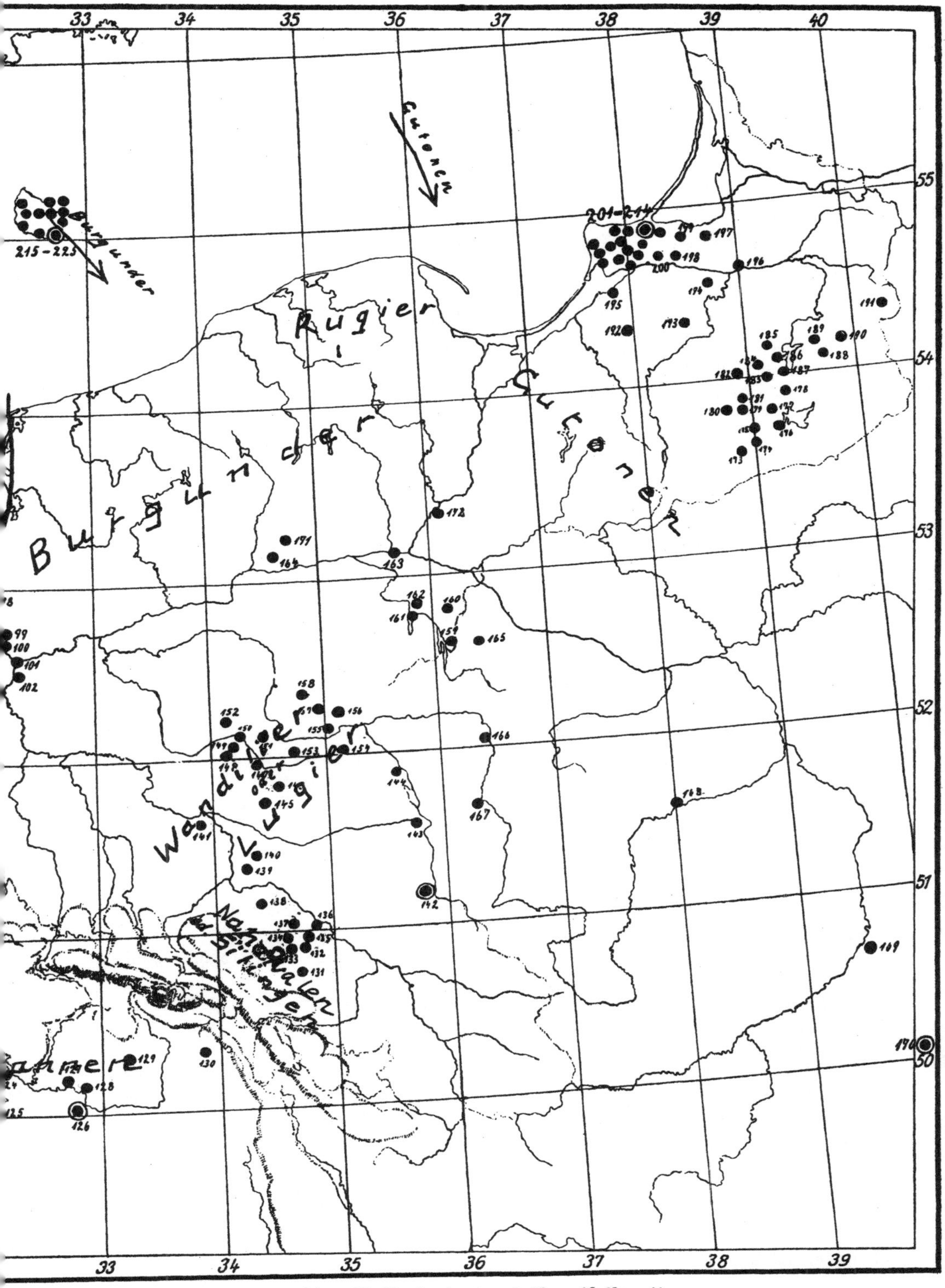

ahn entworfenen Karte germanischer Waffenfunde der frühen Kaiserzeit.
sbibl. Nr. 16, 1916, Tafel 2.)
ischen Kerngebietes, ältere Bronzezeit (nach Kossinna). Durch Pfeile sind einige Wanderwege angedeutet.
eben. ST = Taunussweben. V = Vangionen.

Schriftennachweis.

Quellen:

Zeitgenössische Berichte.

Schriften des Tacitus: Germania (abgekürzt G.) Annalen (ann.), Historien (hist.); Caesar: bellum Gallicum (b. G.). Übersetzungen: „Geschichtsschreiber der deutschen Vorzeit“. Urzeit, Bd. I u. II, Die Römerkriege.

Zeitgenössische Abbildungen.

Mark-Aurel-Säule in Rom: Petersen-Domaszewski-Calderini: Die Markussäule auf Piazza Colonna in Rom. 1896.

Trajan-Säule in Rom. Cichorius, Die Reliefs der Trajans-Säule 1906.

Denkmal von Adamsklissi. Antonesko, Le triomphe d'Adam-Clissi 1905.

Weitere Germanendarstellungen: K. Schumacher: Verzeichnis der Abgüsse und wichtigeren Photographien mit Germanendarstellungen. Katalog des römisch-germanischen Zentralmuseums. Mainz Nr. 1.

Bodenfunde.

In Museen aufbewahrt; Berichte in zahlreichen Zeitschriften und Einzelveröffentlichungen.

Bedeutendste dieser Zeitschriften: Mannus, Zeitschrift für Vorgeschichte, seit 1909. Prähistorische Zeitschrift, seit 1909. Zeitschrift für Ethnologie, seit 1869 (besonders die älteren Jahrgänge). Nachrichten über deutsche Altertumsfunde, 1890—1904. Die Altertümer unserer heidnischen Vorzeit I—V, 1864—1911. Weiteres siehe Wahle: Kurze Übersicht der wichtigeren Literatur der Vorgeschichte Mitteleuropas 1909. Wahle: Vorgeschichte des Deutschen Volkes. Ein Grundriß. 1923. Schriftenverzeichnis.

Nachweis für die im Texte genannten Funde:

Bronzezeit.

Schleswig-Holstein. W. Splieth, Inventar der Bronzealterfunde aus Schleswig-Holstein. 1900. (Bornhöved).

Mecklenburg. R. Beltz, Die vorgeschichtlichen Altertümer des Großherzogtums Mecklenburg-Schwerin. 1910. (Peckatel, Schwaan).

Dänemark. Sophus Müller, Nordische Altertumskunde 1897. — A. P. Madsen, Afbildninger af Danske Oldsager og Mindesmaerker II. Broncealderen. 1868—1872. (Bronzezeitliche Bekleidung).

Goldfunde. G. Kossinna, Der germanische Goldreichtum in der Bronzezeit. Mannusbibl. Nr. 12. 1913. Ferner Mannus 6, 1914. S. 1ff. („Eidringe“). S. 295ff. (dazu Verbreitungskarte). O. Montelius, Guldarbeten från Bronsåldern, funna in Sverige. Fornvännen. 1916. S. 1ff.

Grab von Kivik: A. Norden, Bildgåtan i Bronsåldersgraven vid Kivik, 1917.

Grab von Anderlingen. Hahne, Jahrbuch des Provinzialmuseums zu Hannover. 1907/08. S. 13ff.

Kung Björns Hög. O. Almgren, Kung Björns hög och andra fasta fornlämningar vid Håga. 1905.

Königsgrab von Seddin. Grabfunde Westprignitz. A. Götze, Die vor- und frühgeschichtlichen Denkmäler des Kaisers Westprignitz. 1912.

Klappstühle. Fr. Knorr, Mitteilungen des Anthropologischen Vereins in Schleswig-Holstein. Kiel 14. 1901.

Siedelung von Buch bei Berlin. A. Kiekebusch, Die Ausgrabung des bronzezeitlichen Dorfes Buch bei Berlin. 1923.

Felszeichnungen. L. Baltzer und V. Rydberg, Hällristningar från Bohuslän. 1881ff.

Danach: Schwedische Felsbilder von Göteborg bis Strömstadt (entdeckt von L. Baltzer). Werke der Urgermanen. Bd. I. 1919. — A. Norden, Felsbilder der Provinz Ostgotland in Auswahl. Ebenda Bd. II.

Außerhalb des Germanengebiets: „Fürstengräber" der frühen Bronzezeit von Helmsdorf und Leubingen. Jahresschrift für die Vorgeschichte der sächsisch-thüringischen Länder 5, 1906; 6, 1907.

Vorgeschichtliche Eisenzeit.

Gesichtsurnen mit figürlichen Darstellungen. Conwentz, Bildliche Darstellungen an westpreußischen Gräberurnen. Schriften der naturforschenden Gesellschaft in Danzig. N. F. 8, B. Heft 3.

Hausurnen. Fr. Behn, Hausurnen. Vorgeschichtliche Forschungen I, 1. 1924.

Grab von Billerbeck. Stubenrauch, Baltische Studien. N. F. VIII. S. 121.

Gräber von Langaa-Feldmark, Fünen. Sophus Müller, Nordische Altertumskunde II. S. 23f.

Deibjergwagen. Sophus Müller, a. a. O. S. 44ff.

Grab von Heppenheim bei Worms. Köhl, Korrespondenzblatt der Westdeutschen Zeitschrift II, 1885. S. 52. — G. Behrens, Denkmäler des Vangionengebietes (German. Denkmäler der Frühzeit I. 1923 S. 15).

Außerhalb des Germanengebietes: „Fürstengräber" in Süddeutschland. Schumacher, Siedelungs- und Kulturgeschichte der Rheinlande. I, Die vorrömische Zeit. S. 98ff. S. 123ff.

Frühgeschichtliche Eisenzeit.

Ostgermanische Gräber mit Handwerksgerät (späte Latènezeit). Kostrzewski, Die ostgermanische Kultur der Spätlatènezeit. Mannusbibl. Nr. 18, 1919. S. 174. — M. Lienau, Mannus 16, 1924. S. 265ff.

Urnenfeld Körchow. R. Beltz, Jahrbücher des Vereins für Mecklenburgische Geschichte und Altertumskunde 85. 1920/21.

Urnenfeld Darzau. Chr. Hostmann, Das Urnenfeld von Darzau. 1874.

„Römergräber". R. Beltz, Die vorgeschichtlichen Altertümer des Großherzogtums Mecklenburg-Schwerin. S. 342ff.

Dänische Funde der römischen Zeit und der Völkerwanderungszeit. Sophus Müller, Nordische Altertumskunde II.

Grab von Wichulla. M. Jahn, Prähistorische Zeitschrift 10, 1918. S. 83ff.

Gräber von Sackrau. W. Grempler, Der Fund von Sackrau. 1888. — Der II. und III. Fund von Sackrau. 1888.

Fürstingrab von Haßleben. Grab einer Thüringer Fürstin der Völkerwanderungszeit. Städt. Museum Weimar. — Führer durch die vorgeschichtliche Abteilung des Städt. Museums Weimar.

Priesterkönigräber von Alt-Upsala. Montelius, Nordisk Tidskrift för Vetenskap, Konst och Industri 1918. S. 213ff. „Ynglingaätten".

Moorleiche von Bernuthsfeld. H. Hahne, Moorleichenfunde aus Niedersachsen. Teil B der Vorzeitfunde aus Niedersachsen.

Goldhörner von Gallehus, Tondern. Sophus Müller, Nordische Altertumskunde II. S. 151ff.

Volksburgen. In Südwestdeutschland: K. Schumacher, Siedelungs- und Kulturgeschichte der Rheinlande I, 1921. S. 147ff. — Zeitschrift für hessische Geschichte, N. F. 33. 1909 (Altenburg bei Niedenstein).

Grotenburg bei Detmold. Schuchhardt, Atlas vorgeschichtlicher Befestigungen in Niedersachsen. Heft VII, 1902. S. 55, dazu Text VIII.

Sprache.

Falk-Torp, Wortschatz der germanischen Spracheinheit[4]. 1909, Teil III von Fick, Vergleichendes Wörterbuch der indogermanischen Sprachen.

Fr. Kluge, Etymologisches Wörterbuch der deutschen Sprache[9]. 1921.

Bearbeitungen.

Kultur der Germanen in der vorgeschichtlichen Zeit.

G. Kossinna, Die deutsche Vorgeschichte, eine hervorragend nationale Wissenschaft[4]. Mannusbibl. Nr. 9. 1925.

Sophus Müller, Nordische Altertumskunde. 1897/98.

Oskar Montelius, Kulturgeschichte Schwedens von den ältesten Zeiten bis zum 11. Jahrhundert nach Chr. 1906.

E. Wahle, Vorgeschichte des deutschen Volkes. Ein Grundriß. 1923.

Fr. Kauffmann, Deutsche Altertumskunde I. Von der Urzeit bis zur Völkerwanderung. 1913.

J. Hoops, Reallexikon der germanischen Altertumskunde. 1911—1919.

Tracht. G. Girke, Die Tracht der Germanen in vor- und frühgeschichtlicher Zeit. Mannusbibl. Nr. 23, 24. 1922.

Bewaffnung. M. Jahn, Die Bewaffnung der Germanen in der älteren Eisenzeit, etwa von 700 vor Chr. bis 200 nach Chr. Mannusbibl. Nr. 16. 1916.

Wohnung. Walther Schulz, Das germanische Haus in der vorgeschichtlichen Zeit[2]. Mannusbibl. Nr. 11. 1923.

Religion. K. Helm, Altgermanische Religionsgeschichte. 1913.

G. Wilke, Die Religion der Indogermanen. Mannusbibl. Nr. 31. 1923.

Wolfgang Schultz, Zeitrechnung und Weltordnung. Mannusbibl. Nr. 34. 1924.

O. S. Reuter, Das Rätsel der Edda. 1921/23.

Walther Schulz, Kartographische Darstellungen zur altgermanischen Religionsgeschichte. Veröffentlichungen der Landesanstalt für Vorgeschichte zu Halle. Heft 5.

Stammeskunde.

Nach geschichtlichen und sprachlichen Quellen.

K. Zeuß, Die Deutschen und ihre Nachbarstämme. 1834. (Neudruck 1904).

K. Müllenhoff, Deutsche Altertumskunde. Bd. 2 (1906). „Die Nord- und Ostnachbarn der Germanen. Die Gallier und Germanen". Bd. 4 (1920) „Die Germania des Tacitus".

O. Bremer, Ethnographie der germanischen Stämme[2]. 1904.

R. Much, Deutsche Stammsitze. Ein Beitrag zur ältesten Geschichte Deutschlands. 1902.

R. Much, Deutsche Stammeskunde. 1905. (Samml. Göscher.)

Beiträge von R. Much in Hoops, Reallexikon der germanischen Altertumskunde.

Fr. Kauffmann, Deutsche Altertumskunde I. 1913. S. 384ff.

Ludwig Schmidt, Allgemeine Geschichte der germanischen Völker bis zur Mitte des 6. Jahrhunderts. 1909.

R. v. Erckert, Wanderungen und Siedelungen der germanischen Stämme in Mitteleuropa von den ältesten Zeiten bis auf Karl d. Gr. 12 Karten. 1901.

Von den Bodenfunden ausgehend.

G. Kossinna, Die Herkunft der Germanen. Zur Methode der Siedelungsarchäologie². Mannusbibl. Nr. 6. 1920.

G. Kossinna, Über die vorgeschichtliche Ausbreitung der Germanen in Deutschland. Korrespondenzbl. d. deutsch. Gesellsch. f. Anthropol. 26. 1895. S. 109ff.

G. Kossinna, Die Grenzen der Kelten und Germanen in der Latènezeit. Korrespondenzbl. d. deutsch. Gesellsch. f. Anthropol. 38, 1907. S. 57ff.

G. Kossinna, Zur älteren Bronzezeit Mitteleuropas III, 2. Die Nordillyrier. Mannus 4. 1912. S. 287ff.

G. Kossinna, Die illyrische, die germanische und die keltische Kultur der frühesten Eisenzeit. Mannus 7. 1915. S. 87ff.

G. Kossinna, Die goldenen „Eidringe" und die jüngere Bronzezeit in Ostdeutschland. Mannus 8, 1917. S. 1ff. (besonders S. 115ff. „Die Herausbildung eines neuen Oststammes der Altgermanen (Westgermanen) östlich der Oder während der Periode V").

G. Kossinna, Über verzierte Eisenlanzenspitzen als Kennzeichen der Ostgermanen. Zeitschr. f. Ethnol. 37, 1905. S. 369ff.

E. Blume, Die germanischen Stämme und ihre Kulturen zwischen Oder und Passarge zur römischen Kaiserzeit. Mannusbibl. Nr. 8 und 14. 1912 und 1915.

J. Kostrzewski, Die ostgermanische Kultur der Spätlatènezeit. Mannusbibl. Nr. 18 und 19. 1919.

M. Jahn, Zur Herkunft der schlesischen Wandalen. In Mannusbibl. Nr. 22, 1922.

K. Tackenberg, Die Wandalen in Niederschlesien. Vorgesch. Forschungen I, 2. 1925.

O. Almgren, Zur Rugierfrage und Verwandtes. Mannus 10, S. 1ff.

A. Plettke, Ursprung und Ausbreitung der Angeln und Sachsen. Bd. III, Heft 1 der Urnenfriedhöfe von Niedersachsen. 1921.

G. Schwantes, Vorgeschichtliches zur Langobardenfrage. Nachrichtenblatt für Niedersachsens Vorgeschichte. 1921.

W. Schulz, Archäologisches zur ältesten Geschichte der Hermunduren. Mannus, Erg.-Bd. 3. 1923. S. 48ff. — Jahresschrift für die Vorgeschichte der sächsisch-thüringischen Länder. Bd. 12, 1. 1924. S. 27.

K. Schumacher, Altertümer unserer heidnischen Vorzeit V, Text zu Taf. 9 und 10.

K. Schumacher, Gallische und germanische Stämme und Kulturen im Ober- und Mittelrheingebiet zur späteren Latènezeit. Prähist. Zeitschr. 6, 1914. S. 230ff.

K. Schumacher, Siedelungs- und Kulturgeschichte der Rheinlande I, 1921. S. 149f., dazu Karte, Tafel 9.

G. Kossinna, Wandalen in der Wetterau. Mannus 11/12, 1919/20. S. 412.

G. Wolff, Chatten, Hessen, Franken. 1919.

E. Rademacher, Die Chronologie der Germanengrabfelder in der Umgebung von Köln. Mannus 14, 1922. S. 187ff.

Staat und Gesellschaft der Germanen.

Fr. Kauffmann, Deutsche Altertumskunde I. 1913.

Hoops, Reallexikon der germanischen Altertumskunde, Beiträge von v. Below, Hübner, Lehmann, Rietschel, Schreuer, v. Schwerin, Seeliger.

Jakob Grimm, Deutsche Rechtsaltertümer⁴. 1899.

K. v. Amira, Grundriß des germanischen Rechtes³. 1913. (Aus Grundriß der germanischen Philologie von Paul).

H. Brunner, Deutsche Rechtsgeschichte. I². 1906.

H. Brunner, Grundzüge der deutschen Rechtsgeschichte². 1913.

R. Schröder, Lehrbuch der deutschen Rechtsgeschichte⁵.

G. Waitz, Deutsche Verfassungsgeschichte 1—3. 1878—1896.

A. Heusler, Deutsche Verfassungsgeschichte. 1905.

A. Meitzen, Siedelung und Agrarwesen der Westgermanen und Ostgermanen, der Kelten, Römer, Finnen und Slawen. 1895.

A. Dopsch, Wirtschaftliche und soziale Grundlagen der europäischen Kulturentwicklung aus der Zeit von Caesar bis auf Karl d. Gr. I². 1923. II². 1924.

Anfänge des Staates.

A. Vierkandt, Die politischen Verhältnisse der Naturvölker. Zeitschr. f. Sozialwissenschaft. 1901.

Thurnwald, Politische Gebilde bei den Naturvölkern. Zeitschr. f. vergleich. Rechtswissenschaft 36. 1920. S. 376ff.

Verzeichnis der Abbildungen, Teil 1

Verzeichnis der Abbildungen, Teil 2

Inhalt

Weitere Titel

In unseren Sinnzeichen ist ein wichtiges Stück der deutsch-germanischen Seele Gestalt geworden. Über 400 Zeichen, Runen und Sinnbilder sind in diesem Buch zusammengetragen und in ihren verschiedenen Bedeutungsschichten knapp, aber doch möglichst erschöpfend erklärt. Auch die Zusammenhänge mit Brauchtum und Sage sind dabei berücksichtigt. Besondere Abschnitte beschäftigen sich mit Entstehung und Anwendung der Runen im Wandel der Zeiten, mit Hofmarken, Stabzahlen, Steinmetzzeichen und den Zeichen der Sippenkunde. So gibt dieses Buch eine allseitige Behandlung und Darstellung der deutschen Sinnzeichen, in der man mit Gewinn liest und die man immer wieder zur Hand nimmt, ohne sie ganz auszuschöpfen.
128 S., viele s/w. Abb., Pb. im Großformat, € 16,80

Dieses Buch war eine der ersten allgemeinverständlichen Schriften, die sich frei gemacht haben von den Runendeutungen durch Guido von List, Lanz von Liebenfels, Gorsleben, Kummer u.a. Webers Schrift markiert einen erheblichen Schritt nach vorne in der Forschung. Es spricht für die Qualität der Arbeit, daß das Buch inzwischen nicht veraltet ist. In vielen Dingen ist die Forschung auch heute noch nicht weiter als damals. Zu bewundern ist, in welcher Breite Weber seinen Stoff angegangen ist und wie er umfassend unsere ursprüngliche Schrift und unsere ursprünglichen Heilszeichen, die unter Androhung der Todesstrafe durch das Christentum ausgerottet worden waren, uns wieder nahebringt.
128 S., viele s/w. Abb., Pb. im Großformat, € 14,80

Germanische Feste und Bräuche im Jahresring: Wer kennt sie noch? Nach 1945 scheint es politisch nicht mehr opportun, die Deutschen mit dem Erbe ihrer Ahnen bekanntzumachen. Doch ein Volk ohne Wissen über seine Herkunft ist orientierungslos. Der „Arbeitskreis Deutsche Mythologie“ hat es sich zur Aufgabe gemacht, alte Weisheit dem Vergessen zu entreißen. Diese Schrift, 1941 erstmals erschienen, führt weit und tief zurück in das Bewußtsein unserer nordeuropäischen Vorfahren. Woran glaubten sie? Welche Botschaft haben sie uns hinterlassen? Hinter dieser Schrift steht wissenschaftliche Erkenntnis über die Wurzeln eines Brauchtums, das in erheblichem Umfang noch immer fortwirkt.
128 S., s/w. Abb., Pb. im Großformat, € 14,80

ORION-HEIMREITER VERLAG
Postfach 3667 • D-24035 Kiel

Weitere Titel

Von wenigen Ausnahmen abgesehen, sind die großen germanischen Herrschergestalten viel zu wenig beachtet worden. Der Historiker Kurt Pastenaci macht in dieser erstmals 1939 erschienenen Untersuchung deutlich, was wir Deutschen unseren germanischen Vorfahren zu verdanken haben: die Befreiung vom römischen Joch dem Cherusker Arminius, den Besitz Süddeutschlands den Sueben, die Sicherung der Donau den Markomannen, die Bewahrung des germanischen Einflusses in Ostdeutschland, insbesondere in Schlesien, den Wandalen. So erschließt sich ein Zeitraum von der Vor- und Frühgeschichte über die Völkerwanderung bis ins Mittelalter, in dem wir Deutschen auf eine geschlossene Reihe überragender germanischer Führerpersönlichkeiten blicken können.

80 S., viele Karten, Pb. im Großformat, € 12,80

Der Prähistoriker und Archäologe Gustaf Kossinna hatte mit seiner siedlungsarchäologischen Methode einen enormen Fortschritt der Vor- und Frühgeschichtsforschung gebracht. Das Märchen von den „kulturlosen germanischen Barbaren" war nicht länger haltbar, vielmehr zeigte Kossinna, wie reich und vielfältig das Kulturleben der Germanen gewesen ist. Dieses Buch erschien zuerst 1927 und hat u.a. den Kunststil der Germanen zum Inhalt, befaßt sich mit Seewesen und Schiffbau ebenso wie mit Siedlungswesen, Viehzucht und Töpferei. Mit der ersten nordischen Völkerwanderung etwa 2.000 Jahre v. d. Ztw. befruchteten die Indogermanen Kultur und Leben im Mittelmeerraum, mit der zweiten um 400 n. d. Ztw. legten die Germanen den Grundstein für die Kulturhöhe Mitteleuropas.

96 S., viele s/w. Abb., Pb. im Großformat, € 12,80

Als 1913 bei Ausschachtungsarbeiten in Eberswalde bei Brandenburg ein Tongefäß mit Goldschmuck zutage kam, stellte sich dies mit 2,6 Kilogramm purem Gold als der größte vorgeschichtliche Goldfund in Deutschland heraus. Vor diesem realen historischen Hintergrund handelt der spannende Roman aus dem 9. Jahrhundert vor der Zeitenwende. Aus Rache, weil ihm die Hand der schönen Raginhild ausgeschlagen wird, läßt ein fremder Fürst deren Vater erschlagen und dessen Goldgeschmeide rauben. Darauf schließt sich die entehrte Sippe zusammen und verfolgt die feigen Mörder. Ein erbitterter Kampf um Ehre, Besitz und Rache beginnt, der seinen siegreichen Abschluß in der Thingversammlung findet. Erst nach wiedergewonnener Ehre schließt Raginhild den Ehebund mit dem tapferen Kämpfer Odd.

96 S., s/w. Abb., Pb., € 9,80